中国社会科学院国情调研特大项目"精准扶贫精准脱贫百村调研"

精准扶贫精准脱贫百村调研丛书

CASE STUDIES OF TARGETED POVERTY REDUCTION AND
ALLEVIATION IN 100 VILLAGES

李培林／主编

精准扶贫精准脱贫
百村调研·青龙寺村卷

微产业、小循环

侯一蕾／著

社会科学文献出版社
SOCIAL SCIENCES ACADEMIC PRESS (CHINA)

中国社会科学院国情调研特大项目
"精准扶贫精准脱贫百村调研"
项目协调办公室

主　任：王子豪

成　员：檀学文　刁鹏飞　闫　珺　田　甜　曲海燕

总　序

　　调查研究是党的优良传统和作风。在党中央领导下，中国社会科学院一贯秉持理论联系实际的学风，并具有开展国情调研的深厚传统。1988 年，中国社会科学院与全国社会科学界一起开展了百县市经济社会调查，并被列为"七五"和"八五"国家哲学社会科学重点课题，出版了《中国国情丛书——百县市经济社会调查》。1998 年，国情调研视野从中观走向微观，由国家社科基金批准百村经济社会调查"九五"重点项目，出版了《中国国情丛书——百村经济社会调查》。2006 年，中国社会科学院全面启动国情调研工作，先后组织实施了 1000 余项国情调研项目，与地方合作设立院级国情调研基地 12 个、所级国情调研基地 59 个。国情调研很好地践行了理论联系实际、实践是检验真理的唯一标准的马克思主义认识论和学风，为发挥中国社会科学院思想库和智囊团作用做出了重要贡献。

　　党的十八大以来，在全面建成小康社会目标指引下，中央提出了到 2020 年实现我国现行标准下农村贫困人口脱贫、贫困县全部"摘帽"、解决区域性整体贫困的脱贫攻坚目标。中国的减贫成就举世瞩目，如此宏大的脱贫目标世所罕见。到 2020 年实现全面精准脱贫是党的十九大提出的三大攻坚战之一，是重大的社会目标和政治任务，中国的贫困地区在此期间也将发生翻天覆地的变化，而变化的过程注定不会一帆风顺或云淡风轻。记录这个伟大的过程，总结解决这个世界性难题的经验，为完成这个攻坚战献计献策，是社会科学工作者应有的责任担当。

2016 年，中国社会科学院根据中央做出的"打赢脱贫攻坚战"战略部署，决定设立"精准扶贫精准脱贫百村调研"国情调研特大项目，集中优势人力、物力，以精准扶贫为主题，集中两年时间，开展贫困村百村调研。"精准扶贫精准脱贫百村调研"是中国社会科学院国情调研重大工程，有统一的样本村选择标准和广泛的地域分布，有明确的调研目标和统一的调研进度安排。调研的 104 个样本村，西部、中部和东部地区的比例分别为 57%、27% 和 16%，对民族地区、边境地区、片区、深度贫困地区都有专门的考虑，有望对全国贫困村有基本的代表性，对当前中国农村贫困状况和减贫、发展状况有一个横断面式的全景展示。

在以习近平同志为核心的党中央坚强领导下，党的十八大以来的中国特色社会主义实践引导中国进入中国特色社会主义新时代，我国经济社会格局正在发生深刻变化，脱贫攻坚行动顺利推进，每年实现贫困人口脱贫 1000 多万人，贫困人口从 2012 年的 9899 万人减少到 2017 年的 3046 万人，在较短时间内实现了贫困村面貌的巨大改观。中国社会科学院组建了一百支调研团队，动员了不少于500名科研人员的调研队伍，付出了不少于3000个工作日，用脚步、笔尖和镜头记录了百余个贫困村在近年来发生的巨大变化。

根据规划，每个贫困村子课题组不仅要为总课题组提供数据，还要撰写和出版村庄调研报告，这就是呈现在读者面前的"精准扶贫精准脱贫百村调研丛书"。为了达到了解国情的基本目的，总课题组拟定了调研提纲和问卷，要求各村调研都要执行基本的"规定动作"和因村而异的"自选动作"，了解和写出每个村的特色，写出脱贫路上的风采以及荆棘！对每部报告我们都组织了专家评审，由作者根据修改意见进行修改，直到达到出版要求。我们希望，这套丛书的出版能为脱贫攻坚大业写下浓重的一笔。

中共十九大的胜利召开，确立习近平新时代中国特色社会主义思想作为各项工作的指导思想，宣告中国特色社会主义进入新时代，中央做出了社会主要矛盾转化的重大判断。从现在起到2020年，既是全面建成小康社会的决胜期，也是迈向第二个百年奋斗目标的历史交会期。在此期间，国家强调坚决打好防范化解重大风险、精准脱贫、污染防治三大攻坚战。2018年春节前夕，习近平总书记到深度贫困的四川凉山地区考察，就打好精准脱贫攻坚战提出八条要求，并通过脱贫攻坚三年行动计划加以推进。与此同时，为应对我国乡村发展不平衡不充分尤其突出的问题，国家适时启动了乡村振兴战略，要求到2020年乡村振兴取得重要进展，做好实施乡村振兴战略与打好精准脱贫攻坚战的有机衔接。通过调研，我们也发现，很多地方已经在实际工作中将脱贫攻坚与美丽乡村建设、城乡发展一体化结合在一起开展。可以预见，贫困地区的脱贫攻坚将不再只局限于贫困户脱贫，我们有充分的信心从贫困村发展看到乡村振兴的曙光和未来。

是为序！

全国人民代表大会社会建设委员会副主任委员

中国社会科学院副院长、学部委员

2018 年 10 月

前　言

　　贫困是人类发展至今仍需解决的一个世界性难题，反贫困是国际社会和各个国家或地区面临的共同责任。产业扶贫是我国精准扶贫的重要内容，产业精准扶贫相对于一般的产业发展，更加强调对贫困人群的瞄准性和特惠性。在精准扶贫背景下，研究我国集中连片地区的产业精准扶贫问题、探讨产业精准扶贫机制、研究典型地区精准扶贫的现实问题、从村庄和农户层面探讨产业精准扶贫的效果和现实需求具有十分重大的理论和实践意义。

　　基于上述研究背景，本课题组于 2016 年 11 月至 2017年 12 月开展了调研工作，具体实施过程包括以下三个阶段。第一阶段为 2016 年 11 月至 2017 年 2 月，主要进行文献综述、调研方案设计、预调研并完善方案。第二阶段为 2017 年 3 月至 2017 年 8 月，课题组赴陕西省青龙寺村开展正式调研工作，调研形式包括资料收集、座谈、访谈、村及农户调查等。第三阶段为 2017 年 9 月至 2017 年12 月，主要进行撰写报告、补充调查、完善调研报告。

　　研究的主要内容及发现如下。

　　第一，产业精准扶贫理论是以贫困理论和产业发展理论为基础的。产业精准扶贫是在精准扶贫的战略思想下，瞄准贫困人口的产业扶贫模式，其靶向性更加明显。目前对于产业精准扶贫的研究主要聚焦在主导产业的选择、产业精准扶贫利益连接机制等方面。集中连片特困区产业精准扶贫和脱贫机制的构建是对产业精准扶贫研究的进一步补充，能够为产业精准扶贫在集中连片地区进一步有效开展提供参考。

第二，探讨产业精准扶贫的创新机制。本书认为，产业精准扶贫的动力来自两方面：一是区域层面的外部驱动力，包括扶贫政策、区域发展政策、制度保障等，通过发展地方主导产业提升区域综合发展能力；二是来自贫困户个体的内部驱动力，通过土地、劳动力、资金等生产要素的提升，实现贫困人口的精准脱贫。产业精准扶贫应结合两方面的驱动力：在区域层面建立"大产业、大循环"的产业扶贫机制，提升片区产业发展综合实力；在贫困群体层面建立"微产业、小循环"的扶贫机制，通过较短的产业链，面向地方或范围较小的市场提升贫困人口的产业发展能力，从而实现精准脱贫的目标。

第三，分析城固县贫困现状、扶贫发展历程及精准扶贫推进情况。研究发现，通过秦巴山片区多维贫困测度可以看出，该片区目前贫困的主要问题是就业不足、教育及住房问题。就业不足、农民没有充分就业造成的相对贫困，可以通过产业扶贫的方式加以解决。对于教育及住房问题，可以加大政府财政资金投入，采取综合措施进行解决。

第四，通过实地调研梳理当前城固县精准扶贫和产业扶贫相关政策。研究发现，城固县的产业精准扶贫是解决区域整体性贫困的关键。在精准扶贫背景下，城固县产业扶贫政策中贫困户生产项目的精准扶贫效果较好，贫困人口受益最多。在具体实施过程中，一方面通过政策扶持引导贫困户有1~2个种养殖产业项目；另一方面大力培养新兴经营组织单元，建立农户与市场的利益连接机制，带动贫困人口脱贫。

第五，选取城固县原公镇青龙寺村作为案例点，基于村庄和农户调查，采用座谈、访谈以及农户问卷调查等方式，对产业精准扶贫在村层面的实施进行分析和探讨。调查发现：（1）青龙寺村贫富差距大，贫困户家庭人均年收入5608元，远远低于非贫困户12140元的人均年收入水平；（2）在村层面，产业发展政策主要包括企业帮扶、合作社帮扶、贫困户生产项目三个方面；（3）农户对产业扶贫政策满意度较高，具体到各项产业扶贫政策，贫困户和非贫困户对不同政策满意程度有所差异，但农户对于农业技术培训、乡村旅游项目的扶持政策满意度无明显差异；（4）不同主体对于产业发展的需求不同，村集体、贫困户和非贫困户需求差异明显。

第六，基于本研究得出的主要结论，提出了城固县产业精准扶贫的对策建议，以期为城固县产业精准扶贫的进一步推进提供政策参考。

目　录

第一章

绪　论

第一节 研究背景

贫困是人类发展至今仍需解决的一个世界性难题，反贫困是国际社会和各个国家或地区面临的共同责任。2015年联合国可持续发展峰会上通过的 17 个可持续发展目标中首要目标就是消除贫困。目前，在农村地区勉强生存的低收入农户人数已占全球贫困和粮食不安全人数的三分之二。[①]中国作为世界上最大的发展中国家，政府始终将减缓贫困作为国家发展的重要目标和任务。

改革开放以来，中国经济持续 30 多年的快速增长带

---

① FAO, IFAD, WFP, *The State of Food Insecurity in the World*, 2014.

来的涓滴效应使农村地区贫困人口大幅减少，经济快速增长的初期阶段减贫效果尤为明显。按照 2011 年购买力平均 1 天 1.9 美元的贫困标准，1981 年至 2012 年全球贫困人口减少了 11 亿，同期中国贫困人口减少了 7.9 亿。中国减少的贫困人口占全球减贫人数的 71.82%。[①] 然而随着经济不断增长，涓滴效应会出现递减趋势，为了应对涓滴效应的递减，政府开始制定实施扶贫发展规划，设立专项资金改善农村贫困状况，近年来扶贫工作取得了显著成效。

政府可以通过不同的扶贫政策进行组合，减少农村农户在生活和生产经营中所面临的风险，解决农村贫困问题。[②] 但是由于我国地区之间发展的不均衡，[③] 贫困产生区域聚集，贫困问题呈现明显的集中连片特点。按照年人均收入 2300 元（2010 年不变价）的国家扶贫标准，2014 年我国农村人口为 7017 万人，贫困发生率为 7.2%，贫困人口主要分布在我国 14 个集中连片特困地区。这些地区具有生存环境恶劣、生态脆弱、基础设施薄弱、公共服务滞后等共同特点，一般经济增长不能带动，常规扶贫手段难以奏效。在减贫的经济效应递减时，采用一个更宽泛的贫困定义和更合适的标准来识别与瞄准贫困人口尤为重要。

改革开放以来，中国在减缓贫困方面取得了举世公认

---

① 李培林、魏后凯主编《中国扶贫开发报告（2016）》，社会科学文献出版社，2016。

② Sanfo S., Gérard F., "The Case of Agricultural Households in the Plateau Central Area of Burkina Faso," *Agricultural Systems, Public Policies for Rural Poverty Alleviation* 110, 5（2012）pp.1-9.

③ Y. R. Li, H. L. Long and Y. S. Liu, "Spatio-temporal Pattern of China's Rural Development: A Rurality Index Perspective," *Journal of Rural Studies* 38（2015），pp.12-26.

的巨大成就，为全球贫困减缓和千年发展目标的实现做出了卓越贡献。党的十八大以来，领导集体更加重视扶贫工作，制定和实施了一系列重大扶贫开发政策和措施，明确要求到2020年我国现行标准下农村贫困人口实现脱贫、贫困县全部摘帽、解决区域性整体贫困，如期实现全面建成小康社会的奋斗目标。农村贫困人口脱贫是全面建成小康社会面临的最艰巨任务。

产业化扶贫是一种建立在产业发展和扶持基础上的扶贫开发政策方法，相比于一般的产业化发展，产业化扶贫更加强调对贫困人群的瞄准性和特惠性，更加强调贫困家庭从产业发展中得到的好处。产业化扶贫也是一种典型的能力建设扶贫模式，通过提高贫困人口自我发展和自我积累能力，实现持续稳定增收，从而脱贫致富，是由"输血"救济到"造血"自救的根本性转变。做好产业化扶贫，对实现3000万农村贫困人口通过产业发展脱贫，推动小康社会的全面建成至关重要。

这一轮产业精准扶贫与以往产业扶贫不同，一个最根本的要求和最鲜明的特点，就在"精准"二字，而难点也在"精准"。产业扶贫是一个老话题，而产业精准扶贫又是一个新课题。关于产业精准扶贫，在理论和实践上，目前还存在四个方面的问题。一是对扶贫相对熟悉，但对精准扶贫不熟悉。二是对本地发展产业相对熟悉，但对贫困村、贫困户发展何种特色产业不熟悉。三是对中央、省级脱贫攻坚政策和面上的产业扶贫相对熟悉，但对建档立卡贫困村、贫困户的产业发展和脱贫工作不熟悉。四是对依靠财政资金推动扶贫的方式相对熟悉，但对依靠市场力量、撬动其他社会资源来推动扶贫等新方式不熟悉。

随着我国扶贫工作的深入，集中连片特困地区成为新阶段扶贫攻坚的主战场，该区域贫困人口较为集中、基础设施薄弱、产业发展滞后，严重制约了当地经济发展。《中国农村扶贫开发纲要（2011~2020年）》中将"发展特色优势产业"作为一项主要任务，产业化扶贫被赋予了新的内涵，特色优势产业也成为解决集中连片特困地区贫困问题的重要手段。

城固县作为汉中市重要的次中心区县，发展潜力巨大。城固县属于秦巴山特困区的组成部分，与区内其他贫困县相比，区位优势明显，但产业发展因结构不合理、规模小等原因，贫困问题一直没有得到解决。本研究基于贫困和产业发展相关理论，对秦巴山片区城固县产业精准扶贫机制进行探讨，从区域发展、贫困村和贫困户脱贫、产业发展等视角分析产业精准扶贫的有效途径。

第二节 研究目的和意义

一 研究目的

我国集中连片贫困地区的贫困问题是由多方面原因造

成的：我国地域辽阔，不同片区资源环境条件、经济发展水平、社会文化观念差距巨大，贫困问题呈现明显的地域特征。精准扶贫说易行难，扶贫开发实践中长期存在的"不精准"问题根深蒂固。产业扶贫作为精准扶贫最重要方式之一，对提高贫困人口可持续发展能力有着十分重要的意义。因此产业精准扶贫政策的制定和实施必须实事求是，从贫困的具体性和复杂性出发，结合不同地方的客观发展条件，制定科学有效的扶贫政策。

基于以上对产业扶贫问题的思考，本书将在梳理贫困相关理论和产业扶贫现有研究成果的基础上，探讨产业精准扶贫的脱贫创新机制，同时选取城固县这一位于秦巴山集中连片特困地区的研究区域，分析该研究区域精准扶贫、产业扶贫政策及实施效果，并通过青龙寺村的案例研究探讨村和农户层面的产业精准扶贫问题，从而提出针对研究区域产业精准扶贫的对策建议。

二 研究意义

（一）理论意义

目前国内对于贫困地区的扶贫开发研究已有很多，研究主要集中在扶贫开发的模式与方式上，如研究救济式扶贫、对口帮扶式扶贫等。其研究没有从综合的角度考虑具体到县域贫困地区的扶贫开发，而且，关于贫困地区特色优势产业的实证研究中，主要是基于产业发展能力和比较优势角度建立计量模型进行分析。本书则是在众学者研究的基础之上，在精准扶贫视角下探讨产业精准扶贫的动力、需求，探讨产业扶贫的创新机制，对于集中连片区域产业精准扶贫具有一定的理论意义。

（二）实践意义

集中连片贫困地区自身发展能力相对较弱，推进贫困区的产业发展可以有效提升当地经济发展水平。将传统的输血式扶贫与以提高自身发展能力为目标的造血式扶贫相结合，是解决该地区贫困问题的必要途径。本书通过对陕西省城固县的自然资源条件和产业发展现状进行分析，运用特色优势产业的相关理论研究城固县集中连片贫困地区产业扶贫的现实需求和创新脱贫机制，对于缓解该区域的贫困问题具有极为重要的现实意义。

第三节　研究内容和技术路线

本研究的主要内容分为六个部分：第一，系统梳理贫困相关理论、国内外对于精准扶贫和产业扶贫的研究现状及取得的进展；第二，从理论视角分析产业精准扶贫的驱动力，探讨精准扶贫的脱贫机制问题；第三，分析和探讨秦巴山集中连片特困地区以及城固县扶贫发展历程、贫困现状及特点等；第四，梳理和分析城固县精准扶贫、产业发展现有的政策及制度安排；第五，选取青龙寺村作为案例，从村层面和农户层面进一步研究产业精准扶贫的实施效果和现实需求；第六，对研究区域产业精准扶贫政策的制定提出对策建议。研究的技术路线如图1-1。

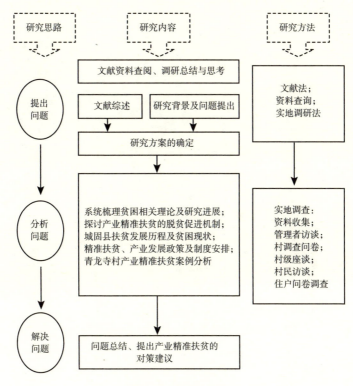

图1-1 技术路线示意

第二章

理论基础及相关研究综述

第一节　研究的理论基础

一　贫困的概念

贫困涉及经济、社会、历史、文化、心理和生理等各个方面，具有不同背景的人往往从不同的角度认识贫困，对贫困做出各种不同的理解。在不同的历史时期和不同的地域，贫困也具有不同的意蕴。对于贫困的概念，不同的人有不同的理解，理解的角度也不同，从而对贫困的内涵界定相互有异。最具代表性的有以下几种。

国际上对于贫困概念的界定。世界银行在其年度报告《1981年世界发展报告》中指出："当某些人、某些家庭或某些群体没有足够的资源去获取他们那个社会公认的，一般都能享受到的饮食、生活条件、舒适和参加某些活动的机会，就是处于贫困状态。"在以贫困问题为主题的《1990年世界发展报告》中，世界银行给贫困所下的定义是："缺少达到最低生活水准的能力。"该报告同时指出，衡量生活水准不仅要考虑家庭的收入和人均支出，还要考虑那些属于社会福利的内容，比如医疗卫生、预期寿命、识字能力以及公共货物或共同财产资源的获得情况。它用营养、预期寿命、5岁以下儿童死亡率、入学率等指标，作为对以消费为基础衡量贫困的补充。这是一个基本上可以被接受的定义，但其中的最低生活水准显然需要具体化。1989年欧共体给贫困下的定义是："贫困应该被理解为个人、家庭和群体的资源——包括物质的、文化的和社会的——如此有限，以至于他们被排除在他们所处的国家可以接受的最低限度的生活方式之外。"1998年诺贝尔经济学奖得主、印度籍经济学家阿马蒂亚·森在《作为能力剥夺的贫困》中指出："贫困必须被视为是一种对基本能力的剥夺，而不仅仅是收入低下。"英国学者奥本海姆在《贫困的真相》一书中，给贫困所下的定义是："贫困指物质上、社会上和情感上的匮乏。它意味着在食物、保暖和衣着方面的开支少于平均水平。……贫困夺去了人们建立未来大厦——'你的生存机会'的工具。它悄悄地夺去了人们享受生命不受侵害、有体面的教育、有安全的住宅和长时间的退休生活的机会。"另一位英国学者汤森德也认为：那些缺乏获得各种食物、参加社会活动和最起码的生活和社交条件的资源的个人、家庭和群体就是贫困的。

经济学家关于贫困的概念界定。经济学家对问题的研究往往侧重于探讨经济的发展水平和物质的生产能力，侧重于对资源的配置与利用问题的研究。在对贫困问题的研究上，他们也侧重于对物质产出的量和经济收入水平的考察。据此，他们认为"如果一个家庭的总收入不足以满足仅仅是维持物质生活所必须的需要，那么该家庭就处于贫困状态"。由此所给定的对策就是"要发展生产力，提高物质产出水平，增加经济收入"，以求得贫困问题的缓解。

政治学家关于贫困的概念界定。政治学家以自己的视角并从政治学的角度给出了对贫困的理解。他们对贫困做出了如下的解释："如果社会相信人们不应因饥饿、困苦而死亡的话，那么就可以把贫困定义为缺乏维持生命所必需的基本衣食。如果社会觉得有责任为所有人提供必要的福利，如健康的身体，而不仅仅是生存，那么就应该在必需品的清单上加上防治疾病所需要的资源。"

社会学家关于贫困的概念界定。社会学家以研究人际社会关系、差别为己任，探索社会的内在运行机理和发展变化规律。他们对贫困的理解充分考虑了社会阶层因素。他们认为"贫困就是一种不平等，是社会最低层 10%~20% 的人与其他人之间差别的本质程度"。因此，研究贫困问题就是应"根据每一分层标准去考察底层人与其他人的差别"，并据此来寻找能够缩小这种差别的有效办法。

综合国内外现有研究来看，贫困实际上包括两层意思。第一，贫困是由于资源的匮乏，从而使其生活水平低于社会可以接受的最低标准。这里讲的资源，既包括物质资源，也包括文化的和社会的资源。第二，从根本上讲，贫困是缺乏手段、能力和机会。因此，要克服贫困，就要给贫困者以扶持，换言之，社会不应该仅仅被动地保障贫困者的最低生活水准，而应该更多地把注意力投向铲除使人们陷入贫困的根源，主动地保障贫困者拥有必要的手段、能力和机会。所以，贫困指的是由于缺乏物质的、文化的和社会的资源而处于一种社会不可接受的最低生活水平或生存状态，以及由于缺乏必要的手段、能力和机会而不能摆脱这种最低生活水平或生存状态。

二 贫困的成因

关于贫困的成因，国内大多数研究借鉴了国外的一些理论，主要可以概括为不利的自然环境、较低的人力资本、消极的思想观念和不利的社会制度等方面。

1. 自然环境因素

汪三贵将我国的贫困地区大致分为两类：以西南喀斯特山区和东部丘陵山区为典型代表的人均耕地少和地面相对差较大的地区，以黄土高原丘陵沟壑区、蒙新旱区和青藏高原区为代表的干旱少雨地区。成升魁、丁贤忠认为有近3000万贫困人口居住在贫困山区，这些地区共同的特性是：自然环境恶劣、资源短缺、灾害频繁。单一稀少的自然资源、落后的交通方式使得这些地区起步就落后于其他地区。陈南岳认为我国农村贫困人口多、地理分布高度集中，这是生态环境的脆弱带来的当地生存条件差、土地生产力低导致的。因此，在改善自然环境方面，在摆脱自然环境的刚性约束方面，发挥人的主观能动作用，是重要的脱贫方式之一。

2. 人力资本因素

日本和以色列等国家在自然资源方面并不占据优势，但由于其人力资本素质较高，发展速度快。我国由于历史的原因，农村教育投资长期不足，农村人口素质低下成为农村人口长期不能脱贫的重要原因之一，人力资本普遍缺乏成为我国农村贫困的主观因素。杜晓山认为贫困农户的贫困主要是因为参与市场竞争能力和应变能力不足，包括资金的缺乏、学习和应用能力差、信息识别能力和承担市场风险的能力不足等。王成新和王格芳把教育消费型贫困、疾病型贫困、人才流失型贫困看作新的致贫因素。刘晓峒研究了贫困地区农村基础设施投资对农户收入和支出的影响，发现基础设施投资对农户人均净收入的增长与户主的教育程度正相关，户主教育程度高，则获益多，反之则少。

3. 思想观念因素

消极的思想观念让人失去了发展和挣钱的机会，消极的思想也决定了消极的行为。消极的思想观念对于先进的科学技术和先进的管理办法也不容易接受和采纳，处于封闭生产和自给自足的生活状态中。

4. 社会制度因素

一直以来，城乡分割的二元经济结构导致农村居民人力资本不足，对我国农村教育和卫生投资不足。刘明宇提出，人的贫困问题除了受个人能力限制之外，更与他面临的制度约束有关。农民在分工深化的过程中，在择业就业、土地和财产保护、议价的交易费用、交易和组织试验的自由等方面居于弱势。这些制度最终将阻碍农民参与城市分工或者分工的深化，陷入制度性贫困的陷阱。黄少安认为现行的土地制度、户籍制度、税费制度、教育制度和政治体制中的不合理成分是农民贫困或不能致富的主因。洪朝辉从公民权、参与权、教育权、社会保障权、医疗保险权、土地财产权等方面详细说明了导致贫困的制度因素。

当前，我国社会经济的健康发展也会出现新的贫困。因为，发展进步是打破原有旧的平衡秩序，建立新的更高级社会生产秩序的过程，发展进步和优胜劣汰几乎是同义词，被淘汰的人群可能会一度陷入贫困，短期内如果不能彻底扭转，陷入长期贫困或者相对贫困便成为可能。

三 贫困的测量

随着贫困概念的不断演化，贫困测量方法也在不断改进和完善。主要包括公理化和非公理化两大类测量方法。

（一）基于公理化标准的贫困测量方法

1.传统的贫困指数

传统的贫困指数包括贫困率 H 指数和贫困人口平均贫困差距率 I 指数。H 指数是人类最早使用的测量贫困的指数，它指贫困人口（q）占总人口（n）的比例。该指数值越大，表示贫困人口比例越大，贫困越严重。由于其计算简单方便，目前依然被很多国家所使用。但是该指数包含的信息量较少，无法反映贫困的深度和强度，导致在反贫困政策上具有误导性。Sen 等人对贫困率指数提出了批评。为了完善该指数，使其具有一定的地区对比性，Sen 对其进行了标准化处理，得到了 I 指数。不同于 H 指数，I 指数主要度量贫困人口平均的相对收入短缺。

2. S 指数

基于传统贫困指数的不完整性，为了满足相关性、单调性和弱转移性等公理的要求，Sen 将贫困人口收入排序的序号（q+1-i）作为权重，运用在贫困人口收入差距的计算中，从而构建了 S 指数（Sen Index）。[1] 利用收入排序权重系统，S 指数在贫困指数中体现了相对丢失的概念，对扶贫政策诸多影响因素做出恰当的分析。但是 S 指数缺乏对贫困线以上的人口收入分布的考虑，缺乏具体的可操作性，所以它更多用于学术研究，很少应用在实践中。

3. Watts 多维贫困指数

Watts 在公理体系标准下，推导出 Watts 贫困指数（Watts Poverty Index）。该指数虽然较为简单、直观，而且满足公理标准，但其测度面较窄，实际运用受到很大制约。随着多维贫困理论的发展，Chakravarty 等基于 Watts 单维贫困指数，完善测度方法，进一步构建了 Watts 多维贫困指数。[2] 完善后

[1] Amartya S., "Poverty: An Ordinal Approach to Measurement", *Econometrica*（1976）.

[2] Chakravarty S.R., Deutsch J. and Silber J., "On the Watts Multidimensional Poverty Index and Its Decomposition," *The World Development*（2008）.

的 Watts 指数具有人口子群可分解、贫困维度可分解等优点。国内学者陈立中详细介绍了 Watts 多维贫困指数，[①] 张全红和张建华利用 Watts 多维贫困指数进行多维贫困测算，取得很好的测量效果。[②]

4. Tsui 多维贫困指数

在满足绝大部分多维贫困公理的基础上，Tsui 构建了 Tsui 贫困综合指数，虽然该指数满足多数公理标准，但在目前的多维贫困研究中，运用这一指数的文献仍然很少。其理论分析与实际运用有待进一步完善。

基于公理化的多维贫困测量方法使得贫困测量更加简便、有效，为贫困测量、反贫困政策的制定等提供了科学可靠的依据。同时在构建贫困指数的过程中减少了主观随意性，使得研究分析更加具有客观真实性，但是所有基于公理化标准的指数，或多或少都违背了部分公理。

（二）基于非公理化标准的贫困指数

1. 人类贫困指数

人类贫困指数（Human Poverty Index，HPI）由 UNDP 于 1997 年发布，该指数描述了不同国家或地区的贫困状况。人类贫困指数由读写能力、预期寿命以及生活质量 3 个维度构成。基于基本能力视角，对不同国家或地区的人口是否处于贫困状况，HPI 指数能够给予体现，为人们研究贫困

---

① 陈立中：《转型时期我国多维度贫困测算及其分解》，《经济评论》2008 年第 5 期。
② 张全红、张建华：《中国农村贫困变动：1981—2005——基于不同贫困线标准和指数的对比分析》，《统计研究》2010 年第 2 期。

提供了多维视角。准确识别贫困人口，为政府制定针对性的反贫困政策提供了科学的理论指导。但是该指数主要体现宏观数据，无法衡量微观人群的贫困被剥夺程度。同时其权重设定带有任意J险，而且它所涉及的3个指标都是长期性的，所以它无法较好地衡量出减贫政策的短期效应。

2. 人类发展指数

在 HPI 指数提出之后，UNDP 提出了人类发展指数（Human Development Index，HDI），后由 Alkire 和 Santos 进行完善，使其成为衡量人类福利水平的多维贫困指数。HDI 指数包含预期寿命、受教育年限、生活水平3个维度，与基尼系数、平均绝对差指数、收入范围指数、库兹涅茨系数等指数一起，共同作为反映收入不均等的衡量指标。人类发展指数利用人类整体发展程度来衡量一个国家的福利水平，体现一个社会的进步程度和发展水平。其计算方法简单容易，通过稍微调整，可以反映不同群体间的收入分配、性别等方面的差异。但只通过预期寿命、成人识字率和实际人均 GDP 这3个指标来衡量一国的经济发展水平，显得较为乏力，不能从整体上反映一国的人文发展状况，在实际应用中缺乏全面性。

3. 多维贫困指数

由于 HDI 指数和 HPI 指数都有缺点，UNDP 和英国牛津贫困与人类发展中心共同开发了多维贫困指数（Multidimensional Poverty Index，MPI）。MPI 利用3个维度共10个指标反映贫困个体或家庭在不同维度上的贫困程度，其中健康维度包括营养状况和儿童死亡率两个指标，教育维度包括儿童入学率和受教育程度两项指标，生活水平维度包括饮用水、电、生活燃料、室内空间面积、环境卫生和耐用消费品 6 个指标。MPI 指数通过多指标从微观角度全方位反映个体贫困程度，更好地反映了贫困人口的真实状况，其测量方法更加符合现代社会发展需求。在多维贫困研究中，我国学者主要是根据国际上已完善的贫困公理和指数，运用国内官方公布的数据，主要包括中国健康与营养调查和中国农村贫困监测报告，或者是选取省市或县的局部地区或个别年份数据，设置 3~5 个维度，采取 8~11 个指标，测量城镇、农村的多维贫困程度。[1] 利用 MPI 指数进行贫困测量，部分学者应用模糊集方法[2] 和 matt 方法来研究多维贫困，借助主成分分析法进行非等权重赋值，考察中国多维贫困的动态变化。

四 反贫困理论

关于贫困的理论分析很多，现有的比较有代表性的理论主要是：人力资本理论、社会资本理论、能力贫困理论、社会质量理论、空间贫困理论等。这些理论对于贫困以及反贫困研究都具有重要的意义。

1. 人力资本理论

人力资本是人力经济关系中的一个基本范畴。这一概念最早由亚当·斯密提出，之后得到了很多学者的继承与

---

① 王小林、Alkire:《中国多维贫困测量：估计和政策含义》,《中国农村经济》2009 年第 12 期。

② 方迎风:《中国贫困的多维测度》,《当代经济科学》2012 年第 4 期。

发展。如西奥多·舒尔茨将人力资本系统化为理论，写成《在人力资本的投资》一文传播其理论思想。可以说美国经济学家舒尔茨是第一个提出人力资本理论的人。在他看来，土地本身并不是导致人类贫困的主要原因，而人的能力和素质却是决定贫富的关键，人力资本的提高对农业及整个经济的作用，远比物质资本的增加更为重要。同时，他也说明了人力资本主要表现为知识、技术能力、体能等，这些资本因素都是经济增长的投资因素。这就使不少学者都认为加大教育投入、增加技术能力培训、开展卫生保健等方面的人力资本投资，是解决贫困问题的主要路径。

2. 社会资本理论

社会资本概念的产生最早可追溯到 1916 年，但那时并没有得到学术界的很大关注，直到法国学者布迪厄正式提出社会资本概念后，学界才开始对这一理论产生兴趣。20世纪 90 年代以来，社会资本被广泛地引入对发展中国家经济发展、贫困等问题的研究之中。与物质资本和人力资本一样，社会资本也是人们从事经济活动、获得收益和福利的基础与资源。同样，我国也是在那个时候开始引入了社会资本理论，不久之后，在各个领域，如社会学、经济学、政治学等开始出现了学术研究成就。直到现在，这方面已经积累了不少研究成果，主要还是围绕经济增长、公共物品供给、收入分配、社会保障制度等方面展开研究。而这些方面与反贫困研究都有着密切的关系。因此，可以说，社会资本作为一种存在于社会关系中的隐性资源，为反贫困问题研究提供了崭新的理论分析视角。

3. 能力贫困理论

阿马蒂亚·森突破传统的贫困分析框架，认为尽管低收入与贫困之间有密切的联系，但贫困的实质不是收入的低下。对贫困的考察不能仅仅停留在收入上，而是要考察可行能力的贫困，因此，关注的应该是个体的能力发展。这就是在贫困理论界影响显著的能力贫困理论。该理论为解释贫困问题以及反贫困实践提供了新的视角。它的最主要贡献就是强调贫困解决的路径不是依靠单纯的财政投入和社会救济，而是提升贫困者个体的能力和素质。该理论认为，解决贫困问题需要从三个方面展开：一是坚持物质扶持与尊重、保障弱势群体的各项社会权利相结合，创造一个机会公平的社会环境；二是建立健全反贫困的长效治理机制，防止贫困恶性循环；三是建立健全自由开放、公平竞争的社会主义市场经济制度，促进各种生产要素的自由流动。

4. 社会质量理论

社会质量理论是比较新近的贫困理论，这一理论要求我们在对社会发展目标的追求中，不仅要关注经济指标和人们的物质生活条件状况的改善，更要关注社会体系的运行状况，关注社会体系运行的和谐性、稳定性和发展的协调性。该理论的提出得到了学界的广泛关注。具体来说，就是该理论认为发展扶贫事业需要从社会经济保障、社会团结、社会融合和社会赋权四个维度同时展开工作。

5. 空间贫困理论

空间贫困理论的理论渊源可以追溯到20世纪50年代，早先是由哈里斯和缪尔达尔提出的，主要是欠发达地区的经济发展与地理位置有关的早期空间经济学。在此之后，就有更多的学者将自然地理因素纳入贫困研究的分析框架中，逐渐形成了空间贫困理论。可以说，空间贫困理论首先强调的就是贫困与空间地理之间的紧密联系，用"空间"这个概念形象而具体地概括贫困问题。也就是说，将空间因素纳入贫困发生的分析体系中，并概括出空间贫困的四大基本特征以及主要衡量指标：区位劣势——距离基础设施的远近，教育的可获得性；生态劣势——土地的可利用性和质量，雨量线及其变化性；经济劣势——与市场的连通性；政治劣势——被认为投资回报率低的地区。

第二节 国内外研究现状

一 精准扶贫相关研究

随着对贫困问题不断深入的认知，人们逐渐形成了区域、制度、权利、文化等视角的反贫困理论。精准扶贫是中国扶贫系统的新工作机制和工作目标，其定位为"通过对贫困户和贫困村精准识别、精准帮扶、精准管理和精准考核，引导各类扶贫资源优化配置，实现扶贫到村到户，逐步构建精准扶贫工作长效机制，为科学扶贫奠定坚实基础"。精准扶贫是对世界反贫困理论的发展和创新，体现了以人为本的反贫困思想，精准扶贫在中国的实践初步形成了中国特色的精准扶贫理论体系。[①] 当前，中国经济发展进入新常态，经济增长进一步放缓，农村地区减贫问题也面临着新的挑战。长期以来，中国农村扶贫开发的特点是区域瞄准，以贫困地区的区域开发为主要手段。精准扶贫是要求实施精细化的扶贫方式，从扶贫机制上由主要依赖经济增长的"涓滴效应"到更加注重"靶向性"对目标人群直接加以扶贫干预的动态调整。[②] 精准扶贫是进入全面建成小康社会的关键阶段，由国家推动的新一轮扶贫攻坚和构建政府、市场、社会协同推进扶贫开发新格局的一项重要扶贫机制创新。[③] 建立精准扶贫长效工作机制是解决我国当前农村贫困问题、实现全面脱贫的必经之路。

为了确保我国到 2020 年如期实现贫困人口脱贫、全面建成小康社会的发展目标，习近平总书记于 2013 年 11 月在湘西考察时提出了"扶贫要实事求是，因地制宜。要精准扶贫，切忌喊口号，也不要定好高骛远的目标"。2015 年 1 月，习总书记在云南考察时再一次指出"要以更加明确的目标、更加有力的举措、更加有效的行动，深入实施精准扶贫、精准脱贫，项目安排和资金使用都要提高精准度，扶到点上、根上，让贫困群众真正得到实惠"。在习总书记明确提出精准扶贫的理念后，中央办公厅在 2013 年 25

① 王介勇、陈玉福、严茂超：《我国精准扶贫政策及其创新路径研究》，《中国科学院院刊》2016 年第 3 期。
② 左停、杨雨鑫、钟玲：《精准扶贫：技术靶向、理论解析和现实挑战》，《贵州社会科学》2015 年第 8 期。
③ 黄承伟、覃志敏：《论精准扶贫与国家扶贫治理体系建构》，《中国延安干部学院学报》2015 年第 1 期。

号文《关于创新机制扎实推进农村扶贫开发工作的意见》中，将建立精准扶贫工作机制作为六项扶贫机制创新之一。国务院扶贫办随后制订了《建立精准扶贫工作机制实施方案》，在全国推行精准扶贫工作。在中央政府的大力推动和地方政府的努力下，精准扶贫取得了显著的进展。

精准扶贫机制是促使落后地区摆脱贫困的主要方式之一，[①] 可以增强扶贫行为的针对性，提高扶贫资源配置效率，推进扶贫目标的实现。精准扶贫是一个系统、复杂的工程，在我国经济新常态背景下，精准扶贫工作需要与时俱进，需要理论支撑和理论创新，需要建立涵括理论创新、战略、政策、机制和行为的完整系统。可见，精准扶贫目前正面临新的机遇，对精准扶贫进行理论与实践研究、进行理论创新和体制机制创新，对未来我国继续深入开展扶贫工作，实现全面脱贫目标具有重大意义。

对于精准扶贫，近几年学者们进行了大量的研究，目前相关研究主要集中在精准扶贫的内涵与内容、精准扶贫存在的问题及原因、精准扶贫的瞄准问题、精准扶贫工作机制及路径等方面。

（一）精准扶贫的内涵与主要内容

从现有研究来看，对精准扶贫内涵的解读更多地来源于领导讲话和政府文件，我国的精准扶贫从区域精准到贫困县、贫困村和贫困户的精准，精准扶贫的内涵在不断丰

① 汪三贵、郭子豪：《论中国的精准扶贫》，《贵州社会科学》2015 年第 5 期。

富和深化。汪三贵等认为，扶贫是全面建成小康社会的重要环节，体现了社会主义的本质要求。[1] 精准扶贫最基本的定义是扶贫政策和措施要针对真正的贫困家庭和人口，通过对贫困人口有针对性的帮扶，从根本上消除导致贫困的各种因素和障碍，达到可持续脱贫的目标。唐任伍认为，在精准扶贫思想的内容中，精准化理念是核心要义，分批分类理念是基础工具，精神脱贫理念是战略重点。[2] 李鹍等人认为，精准扶贫就是遵循科学有效的标准和程序，因时、因地对贫困区域、贫困村和贫困户进行精确识别，按照当地的实际开展联动帮扶和分类管理，并引入动态的准入和退出机制开展精准考核的过程。[3] 马尚云认为精准扶贫就是重点运用专项扶贫政策措施，运行社会、市场、政府"三位一体"的大扶贫格局，动员全社会资源，做到"真扶贫、扶真贫"，实现对贫困人口的精确识别、针对扶持、动态管理、精确考评，切实有效地提高贫困人口的收入，减少贫困人口的数量。[4] 目前许多学者认为精准扶贫政策的内容体系包括精准识别、精准帮扶、精准管理和精准考核四项内容。[5] 精准识别是实施精准扶贫政策

---

① 汪三贵、郭子豪：《论中国的精准扶贫》，《贵州社会科学》2015年第5期。

② 唐任伍：《习近平精准扶贫思想阐释》，《人民论坛》2015年第30期。

③ 李鹍、叶兴建：《农村精准扶贫：理论基础与实践情势探析——兼论复合型扶贫治理体系的建构》，《福建行政学院学报》2015年第2期。

④ 马尚云：《精准扶贫的困难及对策》，《学习月刊》2014年第10期。

⑤ 王介勇、陈玉福、严茂超：《我国精准扶贫政策及其创新路径研究》，《中国科学院院刊》2016年第3期；莫光辉：《精准扶贫：中国扶贫开发模式的内生变革与治理突破》，《中国特色社会主义研究》2016年第2期；葛志军、邢成举：《精准扶贫：内涵、实践困境及其原因阐释——基于宁夏银川两个村庄的调查》，《贵州社会科学》2015年第5期；维杰：《精准扶贫的难点、对策与路径选择》，《农村经济》2014年第6期。

的基本前提，精准识别是指通过申请评议、公示公告、抽检核查、信息录入等步骤，将贫困户、贫困村有效识别出来，并建立贫困户和贫困人口档案卡，摸清致贫原因和帮扶需求。精准帮扶是精准扶贫政策的核心，是在贫困户和贫困人口准确识别的基础上，根据贫困的成因采取针对性的措施进行有效帮扶，因贫施策、精准到户到人是精准帮扶的关键，重点通过发展生产脱贫一批、易地扶贫搬迁脱贫一批、生态补偿脱贫一批、发展教育脱贫一批、社会保障兜底一批。精准管理是实施精准扶贫政策的重要保障，精准管理的重点在于扶贫对象精准、项目安排精准、资金使用精准、措施到户精准、因村派人精准、脱贫成效精准。精准考核是提升精准扶贫工作成效的重要手段，是指针对贫困户和贫困村脱贫成效，建立贫困人口脱贫退出和返贫再入机制，完善贫困县考核与退出机制，加强对贫困县扶贫工作情况的量化考核，强化精准扶贫政策实施的效果。

（二）精准扶贫存在的问题及原因

对于精准扶贫工作，实践中尚存不少难题，目前大量研究反映的主要问题在于对象识别困难、农户参与度低、资源配置不均衡、扶贫资金问题、干部驻村工作制度等方面。王国勇等认为目前我国精准扶贫工作机制存在贫困对象识别不精准、干部驻村帮扶机制不健全、产业化扶贫内生动力不足、扶贫资金整合困难、扶贫资源配置不均衡等问题。[①] 应

---

① 王国勇、邢溦：《我国精准扶贫工作机制问题探析》，《农村经济》2015年第9期。

通过对贫困人口进行精细化管理、对扶贫资源进行精确化配置、对贫困农户进行精准化扶持，使精准扶贫在具体扶贫工作中得以有效运用。唐丽霞等认为从贫困农户识别的政策和技术困境、乡村治理现状、贫困农户思想观念的变化以及扶贫政策本身的制度缺陷四个方面看，当前精准扶贫机制面临严峻的挑战。[①] 葛志军等基于宁夏银川的调查发现，精准扶贫机制在实践中面临多方面的困境：贫困户参与不足、帮扶政策缺乏差异性和灵活性、扶贫工作遭遇上访困扰、扶贫资金有限、驻村扶贫工作队效果较差。[②] 其主要原因是：农民的社会流动、自利性和信息的缺乏、精准扶贫的内在矛盾、维稳工作的优势地位、结构性贫困的挑战、驻村扶贫干部的双重身份和扶贫资金筹集渠道的单一等。邓维杰认为精准扶贫实践效果欠佳的主要原因在于精准扶贫中出现了突出的对贫困户的排斥现象，包括在精准识别环节对贫困人口规模的人为限定形成的规模排斥、集中连片扶贫开发对片区外贫困群体的区域排斥，以及自上而下的贫困村和贫困户识别过程中对贫困群体的恶意排斥和过失排斥等。[③]

在精准扶贫中，可持续脱贫依然是难点。经过扶贫部门的巨大努力，建档立卡措施有效地瞄准了贫困群体，但是支持贫困群体可持续脱贫依然十分困难。贫困群体能否

① 唐丽霞、罗江月、李小云：《精准扶贫机制实施的政策和实践困境》，《贵州社会科学》2015年第5期。

② 葛志军、邢成举：《精准扶贫：内涵、实践困境及其原因阐释——基于宁夏银川两个村庄的调查》，《贵州社会科学》2015年第5期。

③ 邓维杰：《贫困村分类与针对性扶贫开发》，《农村经济》2013年第5期。

可持续脱贫取决于其收入是否能增加到越过贫困陷阱的门槛和是否能够使得整个收入可持续下去两个方面。按照现在多数地方的产业扶贫的做法，一是很难使得贫困人口的收入提高到一个高的水平，二是即使有的地方贫困人口的收入有了很大提高，但是可持续性差，收入波动大。主要问题是提高收入创新路径不足，政府主观意志主导，产业扶贫求大、求快。除非有大规模市场需求的产业，否则大规模产业开发使贫困群体受损，需要创新一村一组或一户一品的特色产品，而不是产业，因为今天已经不是过去的农业产业短缺时代，而是结构性的产品短缺时代，市场需求也是个体化和特色化。

（三）精准扶贫的瞄准问题研究

把资金投向贫困者是扶贫的重要举措，国外实践证明将扶贫资金投向农业而不是工业更能让贫困人口受益。此外，学者们还认为要将资金用于贫困人口的教育及培训，使贫困人口人力资本提升，非农就业机会增加。[1] 扶贫资源更好地瞄准贫困目标人群是一个世界性难题，加上长期以来，各行政区域、部门的垂直分割管理和贫困地区社会力量发育不足等因素，新阶段的扶贫治理体系要实现更高要求的精准扶贫目标仍面临诸多挑战，需要在不断创新体制机制中重构和完善。[2] 我国学者对扶贫瞄准方法研究较

---

[1] 刘胜林、王雨林、庄天慧：《基于文献研究法的精准扶贫综述》，《江西农业学报》2015年第12期。

[2] 黄承伟、覃志敏：《我国农村贫困治理体系演进与精准扶贫》，《开发研究》2015年第2期。

多，如罗江月等总结了 4 种针对贫困个体的扶贫瞄准方法，即个体需求评估法、指标瞄准法、自我瞄准法、以社区为基础的瞄准法。为了更好地推动扶贫瞄准，允许贫困界定指标的多元化，将扶贫瞄准的行政成本纳入考虑范围，警惕精准扶贫带来的负面影响。[①] 邓维杰提出了"指标打分贫困村分类法"与"二元检索贫困村分类法"，将贫困村分为资源可用型村、资源不可用型村、无资源型村 3 类，从而能够使扶贫开发更加准确地瞄准贫困群体，极大地提高了扶贫开发的针对性。[②]

（四）精准扶贫工作机制与路径

针对精准扶贫工作中面临的困难，需要进一步创新精准扶贫工作机制，以保证精准扶贫工作的实际成效。[③] 刘解龙认为，在我国经济新常态背景下，精准扶贫受到宏观、中观、微观三个层次的影响，精准扶贫面临新的机遇，必须推进理论创新和体制机制创新。机制创新主要包括了内部和外部两个方面。内部机制主要是资源合作性共享、经济组织建设、技术技能培养、多样化的分配机制。外部机制主要是获得更多的资金支持、更多的技术合作、更多的市场需求以及相应的政策支持。[④] 李鹍等将复合治理理念引入精准扶贫中，试图构建复合型扶贫治理体系。

① 罗江月、唐丽霞：《扶贫瞄准方法与反思的国际研究成果》，《中国农业大学学报》（社会科学版）2014 年第 4 期。
② 邓维杰：《贫困村分类与针对性扶贫开发》，《农村经济》2013 年第 5 期。
③ 汪三贵、郭子豪：《论中国的精准扶贫》，《贵州社会科学》2015 年第 5 期。
④ 刘解龙：《经济新常态中的精准扶贫理论与机制创新》，《湖南社会科学》2015 年第 4 期。

其基本要求是：以贫困人口为中心，以基层农村社区为场域，通过政府主导牵头，吸纳企业等市场主体、民间组织或志愿者团体等社会主体参与其中，组建复合型扶贫治理主体，构建"政府—市场—社会—社区—贫困户"五位一体的复合型扶贫治理体系。[①]

综上，精准扶贫这个领域研究尚处于起步阶段，现有研究多以政策文件、实践经验为研究依据，虽然对精准扶贫的内涵、理论依据进行了大量探讨和研究，但对于精准扶贫的理论创新和机制创新等方面均存在一定的不足，缺乏针对精准扶贫的理论、战略、政策、机制和行为的系统性研究。

二 产业扶贫相关研究

产业扶贫是以市场为导向，以经济效益为中心，以产业集聚为依托，以资源开发为基础，对贫困地区的经济实行区域化布局、工业化生产、一体化经营、专门化服务，形成一种利益共同体的机制，把贫困地区产业的产前、产中、产后各个环节统一为产业链体系，通过产业链建设来推动区域扶贫的方式。[②] 产业扶贫的发展可以按照时间阶段划分为两个阶段：计划经济时期利用产业扶贫的政策很少，以救济援助为主；市场经济时期逐步对产业扶贫重

① 李鹍、叶兴建：《农村精准扶贫：理论基础与实践情势探析——兼论复合型扶贫治理体系的建构》，《福建行政学院学报》2015 年第 2 期。
② 徐翔、刘尔思：《产业扶贫融资模式创新研究》，《经济纵横》2011 年第 7 期。

视，坚持以产业发展带动贫困地区脱贫的措施为主。

在贫困地区进行产业扶贫，提高这些地区的自我发展能力，可以减少对国家拨款以及投入资源的依赖，调整目前的农业产业结构，进一步加快农业产业化的进程，才可以真正实现增加农民收入和提高农业增长效率，才能为贫困地区找到脱贫的出路。在"十二五"规划实施期间，国家将会逐步对划为限制开发区域的西部民族地区的重要水源涵养和水源补给区、天然林保护以及生态多样化地区和水土流失严重、沙漠化、石漠化等区域，坚持保护优先、适度开发、点状发展，因地制宜地发展资源环境可承载的特色产业。[①] 赵俊超在关于产业扶贫的研究中，将产业扶贫实施的指标划分为贫困地区农户的家庭收入增加量、农户种植业收入占家庭收入的总比重、家庭生产产出的销售渠道数量、贫困农户与农业企业合作对家庭生产的帮助程度以及贫困地区产业扶贫项目的开展数量等，作为评价一个地区产业扶贫实施情况的标准。上述指标可以综合测量一个地区的产业扶贫实施水平。[②]

国外学者对运用产业扶贫措施解决贫困问题的研究较早，发展至今取得了比较丰富的产业扶贫经验和成果。Remy Canavesio 从矿业企业的投资入手，对马达加斯加南部的贫困问题进行了研究，通过对当地贫困人群参与手工挖掘生产当中的现象分析，论述了自发的反应对调整

---

① 贡保草：《论西部民族地区环境资源型产业扶贫模式的创建》，《西北民族大学学报》（哲学社会科学版）2010 年第 3 期。

② 赵俊超：《扶贫开发理论与实践》，中国财政经济出版社，2005，第 9~38 页。

扶贫政策的影响。[1]William D. Sunderlin 对柬埔寨、老挝、越南等国家通过社区林业进行扶贫的措施进行了潜力的评估，[2] 提出了三条政策使社区林业的发展对扶贫措施的作用最大化，即控制林业政府部门腐败、就近选择林业机构地址、通过权限利益共享措施提高森林收入。Keith Openshaw 研究了撒哈拉沙漠以南非洲地区的木材资源利用，通过砍伐木材创造就业机会以及提高收入，减少贫困的发生，并且提出了如何高效率地砍伐木材以避免浪费。David Bigman 以及 P. V. Srinivasan 研究了印度农村的贫困问题以及产业扶贫对缓解贫困问题的作用，重点介绍了以地理区位为导向的产业扶贫措施，提出了可行的方法论与实施理论。[3] Temilade Sesan 等学者则研究了跨国公司在尼日利亚的极度贫困地区生产经营对当地贫困问题的缓解的作用，通过商业模式的研究以及对供需平衡的探讨，提出了新的可行性的扶贫措施。[4]

国内对于产业贫困以及扶贫措施的研究较多，谢谦研究了郴州市安仁县的产业扶贫开发情况，通过对贫困、反贫困等扶贫理论的系统研究构建了安仁县的产业扶贫理论

[1] Remy Canavesio, "Formal Mining Investments and Artisanal Mining in Southern Madagascar: Effects of Spontaneous Reactions and Adjustment Policies on Poverty Alleviation ," *Land Use Policy*, 36（2014）: pp.145-154.

[2] William D. Sunderlin, "Poverty Alleviation Through Community Forestry in Cambodia, Laos, and Vietnam: An Assessment of the Potential ," *Forest Policy and Economics* 8（2006）: pp.386-398.

[3] David Bigman, P. V. Srinivasan, "Geographical Targeting of Poverty Alleviation Programs; Methodology and Applications in Rural India," *Journal of Policy Modeling* 24（2002）: pp.237-255.

[4] Temilade Sesan, "Corporate-led Sustainable Development and Energy Poverty Alleviation at the Bottom of the Pyramid: The Caseof the CleanCook in Nigeria," *World Development* 45（2013）: pp.137-146.

基础，通过运用主成分分析法对当地的经济强度和农业生产发展等情况进行了定量分析，提出了安仁县扶贫开发的途径；① 周伟、黄祥芳通过对典型连片特困区——武陵山片区经济贫困的基本调查，探寻该连片特困区经济贫困与增长乏力的原因，针对政府的扶贫效果对扶贫政策进行了反思，根据武陵山片区特点深入思考了该地区反贫困的思路，认为武陵山片区"亲贫式"增长的产业选择关键在于有效利用片区内与特色农业、旅游产业相关的优势资源；② 卫松怡通过对河南省洛宁县的扶贫开发模式进行研究，提出了新的山区扶贫开发模式，为贫困山区的扶贫开发提供了新的理论支持；③ 黄新星对湘西自治州地区在经济发展中实施产业发展战略的问题进行了研究，阐述了产业发展理论及其演进过程、国内外的研究情况、产业发展和支柱产业选择的相关概念，对我国民族地区的产业发展进行了描述和分析；④ 杨颖等认为应以特殊区域与特殊对象为重点，走扶贫开发与产业扶贫、环境保护相结合道路，完善扶贫开发资金投入体系、加强农村社会保障体系建设，是云南提高扶贫开发工作效率和质量，缓解和消除贫困现象的重要途径。⑤

① 谢谦：《郴州市安仁县产业扶贫发展研究》，湖南师范大学硕士学位论文，2013。
② 周伟、黄祥芳：《武陵山片区经济贫困调查与扶贫研究》，《贵州社会科学》2013年第3期。
③ 卫松怡：《河南省洛宁县政府扶贫开发模式研究》，广西师范大学硕士学位论文，2010。
④ 黄新星：《民族地区扶贫产业及其政策研究——以湘西地区为例》，吉首大学硕士学位论文，2012。
⑤ 杨颖、田东林、路遥：《云南边疆民族地区扶贫开发研究》，《当代经济》2012年第6期。

扶贫产业的选择是产业扶贫绩效的关键。扶贫产业可以是区域发展的主导产业，也可以是即将培育的战略性新兴产业，或者是农业产业化方式实现的农业集约产业。关于主导产业的选择，有产业功能、选择基准以及定量分析等方面的指标指引。20世纪60年代，罗斯托（Rostow）将经济社会的发展过程划分为六个阶段，即被大家所熟知的经济成长阶段论：在任何特定时期，国民经济不同部门的增长率存在广泛的差异，这时整个经济的增长率在一定意义上是某些关键部门的迅速成长所产生的直接或间接的结果，这些关键部门被称为驱动部门或主导部门。佩鲁提出了经济的"发展极"，认为经济空间存在若干中心、力场和极，产生类似的各种向心力和离心力，并在一定范围内形成"场"，促进不同部门、行业和地区按照不同速度不平衡增长。布戴维尔在佩鲁的"发展极"基础上提出了"推进型产业"概念，认为主导产业形成多功能的经济活动中心，促进自身发展，并通过吸引和扩散作用推动其他地区的发展。而主导产业的形成取决于推进型产业和主导产业、周围环境和增长传递机制等因素。对于主导产业选择的基准，主要包括赫希曼关联度、筱原三代平的"二基准"、过密环境和丰富劳动内容基准。赫希曼认为，在产业关联链中关联系数较大的产业，可以促进或带动前、后向产业，以主导产业带动其他产业的发展，并提出了"有效投资系列"，认为应优先发展后向关联效应大的产业部门，从需求方面形成压力，从而带动整个经济发展。20世纪50年代，筱原三代平提出了"需求收入弹性基准"与

"生产率上升率基准"，按此基准选择主导产业，从需求角度看，应该选择那些随着人均国民收入增加，需求量也大幅增加的主导产业。生产率上升率是全要素生产率，他认为应选择那些技术进步速度最快、产品附加价值最高的产业作为主导产业，促进整个产业结构系统的技术进步。20世纪 60 年代，日本产业结构审议会提出了过密环境基准，以缓和、解决发展与环境、经济与社会之间的矛盾。要求选择那些环境污染少、不会造成产业过度集中的产业有限发展，明确提出了改善环境的基本取向。这个基准反映的是经济发展与社会发展相互协调的问题，标志着发展经济的最终目的将与提高劳动者的满意度关联性不断增强。

关于产业化扶贫模式的研究。唐春根、李鑫总结了四种模式："公司＋农户"模式、"中介组织＋农户"模式、"专业批发市场＋农户"模式、"公司＋农户＋基地＋市场＋研发培训中心"模式。聂亚珍则归结了龙头企业带动模式、主导产业带动模式、市场带动模式和中介组织带动模式四种。章杏杏提出按照参与主体不同的组织结合方式和利益分配方式，主要有股份制、合同制、租赁制和内部职工工资制等产业化扶贫运作机制。对于政府在这个过程中扮演的角色，张长厚认为主要有宏观调控和法制建设、制定优惠政策、培育市场环境、建立农业保障体系和提高农民素质等支持者和服务者的角色。同时，王克林、刘新平、章春华提出优先发展支柱产业的农业产业化战略思想与产业化阶段演进，认为通过强化综合投入、建设资源基地、组建扶贫实体、调整人口与土地关系、加强科技进步、逐步推行土地流转制度等农业产业化扶贫的举措，能大力发展支柱产业和促进农业产业化进程。另外，产业化扶贫过程中的风险控制也是国内外学者研究的重要内容之一。

第三节　文献评述

从贫困相关理论研究来看，贫困指的是由于缺乏物质的、文化的和社会的资源而处于一种社会不可接受的最低生活水平或生存状态，以及由于缺乏必要的手段、能力和机会而不能摆脱这种最低生活水平或生存状态。因此，要克服贫困，就要给贫困者以扶持，换言之，社会不应该仅仅被动地保障贫困者的最低生活水准，而应该更多地把注意力投向铲除使人们陷入贫困的根源，主动地保障贫困者拥有必要的手段、能力和机会。

关于贫困的成因，国内大多数研究借鉴了国外的一些理论，主要可以概括为不利的自然环境、较低的人力资本、消极的思想观念和不利的社会制度等方面。我国集中连片特困地区贫困成因复杂、发展基础差，贫困问题的解决存在诸多困难。对于贫困的测量，国内外的研究也经历了从单一维度的贫困到多维度贫困测量的过程。

当前，中国的贫困问题已经由局部贫困转向特殊贫困。精准扶贫正是为了解决新形势下贫困的特殊性而提出的中国特色扶贫战略。对于精准扶贫，近几年学者们进行了大量的研究，目前相关研究主要集中在精准扶贫的内涵与内容、精准扶贫存在的问题及原因、精准扶贫的瞄准问题、精准扶贫工作机制及路径等方面。

产业扶贫是以市场为导向，以经济效益为中心，以产业集聚为依托，以资源开发为基础，对贫困地区的经济实行区域化布局、工业化生产、一体化经营、专门化服务，形成一种利益共同体的经营机制，通过产业链建设来推动区域扶贫的方式。产业精准扶贫是在精准扶贫的战略思想下，瞄准贫困人口的产业扶贫模式，其靶向性更加明显。目前对于产业精准扶贫的研究主要聚焦在主导产业的选择、产业精准扶贫的利益连接机制等方面。

综上所述，国内外学者对于贫困与产业扶贫问题进行了各个方面的深入研究，为扶贫开发发挥了重要作用。但是，基于我国集中连片特困地区的特殊性、其贫困原因的多重性，产业精准扶贫更加需要瞄准贫困人口的创新脱贫机制。本书基于这些问题，对集中连片特困区的产业精准扶贫问题、产业精准扶贫机制的形成进行探讨，是对现有产业精准扶贫研究的进一步补充，能够为产业精准扶贫在集中连片地区进一步有效开展提供参考。

第三章

产业精准扶贫的脱贫机制探讨

农村摆脱贫困要依靠农村发展、农业增效、农民增收，而这些都离不开优势高效产业的支撑。在集中连片贫困地区，产业扶贫扶的是贫困人口可持续的发展能力。谋划新形势下产业精准扶贫的科学发展，打牢贫困人口持续稳定增收的基础，是精准扶贫全面实施过程中必须着力推进的重点工作。

中央提出的"五个一批"扶贫方式，最重要的还是要依靠产业发展来增加贫困家庭的收入，使贫困人口通过提高创收能力来永久解决贫困问题。产业扶贫是新阶段扶贫开发的重点，是实现精准扶贫的重要举措，是从输血式扶贫到造血式扶贫转变的重要路径。[①] 相对于一般的产业

---

① 陈希勇:《山区产业精准扶贫的困境与对策——来自四川省平武县的调查》，《农村经济》2016 年第 5 期。

发展政策，产业扶贫更加强调对贫困人群的瞄准性和特惠性。产业扶贫以往更多的是通过促进区域经济发展来实现减贫。而在精准扶贫背景下，扶贫对象精准识别以后，如何以产业扶贫为抓手，创新产业扶贫机制，真正使贫困人口通过产业发展提高自身能力，实现长期稳定增收，是脱贫目标实现的关键问题。因此，探讨如何打破传统的单家独户的扶持方式，通过机制创新来解决贫困家庭发展产业能力弱的问题，对于产业精准扶贫有着重大意义。

第一节　产业精准扶贫中公平与效率的关系

一　产业扶贫中公平与效率的矛盾

贫困作为一种复杂而影响广泛的社会现象，本身就是社会不公平的一种体现。反贫困的终极目标就是谋求社会公平，实现共同富裕，因此扶贫问题自然同公平与效率有千丝万缕的关系。人类的发展是建立在物质财富不断积累的基础上的，实现资源最优配置的过程中，效率是不可或缺的。事实上，要做到公平、效率兼顾是十分困难的。在今天，即便在反贫困方面做得较好、经济发达、市场经济比较完备的西方资本主义国家，其反贫困道路上也存在追求社会公平与提高效率的矛盾。

鉴于公平与效率双方都有价值，在现实中两者又经常是矛盾的，往往不能兼得，因此，政府对两者的取舍，往往取决于当时经济社会发展的需要。如果政府片面强调反贫困的效率，必然导致地区之间、不同收入阶层之间的差距不断拉大，进而影响社会的稳定，反过来会制约效率的进一步提高。如果政府一味追求公平、忽视效率，必然会陷进平均主义泥坑，绝大多数人会生活在贫困之中，那么这样的公平就没有什么价值。因而，政府必须在动态中处理反贫困过程中公平与效率的关系，力求两者兼顾。作为一个社会主义国家，在反贫困过程中，我们必须把提高效率同促进社会公平结合起来，讲求效率才能增添社会活力，注重公平才能促进社会和谐，坚持效率与公平有机结合，才能推动反贫困事业的健康发展，才能更好地体现社会主义的本质。

产业精准扶贫是一项复杂和系统性的工作，其最终是通过提高产业扶贫的效率来实现脱贫的目标。产业扶贫是政府以公平为导向的政策选项，从微观操作层面上讲，它的决策和实施反映了效率与公平的抉择。如果过分注重效率，就会出现精英捕获等现象，将贫困人口排斥在产业发展之外，使贫困人口失去发展机会，有失公平，难以实现"精准"脱贫。如果过分注重公平，则必然使政府投入过多，造成产业效率低下，影响整个区域的经济发展，损失了效率。

对于反贫困中的公平与效率问题，国外一些知名学者做了一些有价值的探索。如美国经济学家阿瑟·奥肯在其名著《平等与效率——重大的抉择》一书中指出：假如在分配税收桶上有一个漏洞，富人失掉每 1 元钱中只有一部分——也许是 2/3 落到穷人手中，那么在公平名义下再分配就伤害了效率。因此，他从兼顾公平与效率的原则出发，提出了解决贫困问题的方案，即"在平等中注入某些合理性，在效率中注入某些人性"。[①] 为了对阿瑟·奥肯的"漏桶实验"做进一步说明，美国经济学家、诺贝尔经济学奖得主保罗·萨缪尔森利用"收入可能性曲线"来进一步阐释奥肯的基本观点，他指出："大多数再分配计划事实上对效率有影响。如果一个国家以对最富者实施高税率的办法进行收入再分配，那么他们的储蓄和工作热情就可能受到挫伤或误导，并导致国民总产出减少。……同样，如果社会在穷人的收入下面装上一块保证其收入的安全地板，贫困的刺激就会降低，穷人就可能会因此减少工作。"因此，他得出结论："那种企图通过剥夺富人财产使收入平等的方式，最终使每一个人都受到伤害。"[②] 另一位诺贝尔经济学奖得主阿马蒂亚·森也认为，无论穷人与富人的收入差距有多大，如果将富人收入的一部分转移给穷人，使穷人的境遇变好，而富人的境遇变坏，其结果都违背了"帕累托最优"（即市场经济组织最优化能使全体社会成员都能获得最大福利）原则。这些探索，有助于我们对公平与效率问题的认识。

① 〔美〕阿瑟·奥肯：《平等与效率——重大的抉择》，王奔洲译，华夏出版社，1987。

② 〔美〕保罗·萨缪尔森、〔美〕威廉·诺德豪斯：《经济学》，萧琛译，人民邮电出版社，2004。

二 公平的实现：对象瞄准

公平是一个相对的概念，人们对它普遍认同的共性是：社会上每个人（合法公民）都应当被公平、平等地对待，每个人都是独立的、平等的、自由的，社会给予每个人的机会是均等的，每个人所拥有的权利是神圣不可侵犯的。公平的获得与人的解放程度、社会的进步程度是同步进行的。在经济学中，公平主要是指社会财富在社会成员中的平等分配的价值取向。公平的最初发生是同社会分工和生产力的发展分不开的。剩余产品的出现，引出了分配上的公与不公问题的出现，而经济矛盾是催发公平与不公平的基础。公平与否的判断标准体现着人们的价值观，我国人民普遍认同的公平价值观是：国土资源是全民共有，在最终收入分配上应以按劳分配为主，其他分配为辅。

社会稳定发展离不开公平，公平的社会才能为人民提供平等发展的权利和机会：让人们能通过诚实劳动得到自己想要的东西，人人各尽其能、各司其职、各得其所，从而推动社会全面进步。至今，我国农村地区仍然有很多贫困问题尚未解决，这也是由于我国的最终收入分配还不公平，而这种分配不均主要是国内经济资源分配不均引起的。从区域经济学角度出发，不同区域的发展在空间上是非均质的。因此若考虑到非均质的问题，导致区域发展落后及贫困的原因主要有以下几个方面。

第一，由于历史的原因，这些老少边穷地区本身是欠发达的，因此所形成的发展的基础，从基础设施、发展能力、资本的积累、市场的形成等方面，相对滞后于发达地区。

第二，现实发展过程中资源优势没有被充分挖掘。贫困地区本身的发展基础较差，产业基础比较差，发展的效率较低，发展中的资源优势没有被充分挖掘出来。越是贫困的地方，越是在粗放地利用自然资源。从资源所形成的价值的回馈方面来看，贫困地区对资源的回馈是对自然资源直接的买卖和直接的开采利用，而不是通过加工、产业链的延伸、资源价值链的不断增值来实现的反馈。由此可见，贫困地区在发展过程中对资源的回馈是初级和低等的。因此贫困地区在资源的可持续利用、产业发展方面，在根本上是存在一系列问题的。特别是现代科技和市场的发展，导致原来这些基础条件比较落后、目前发展缺乏优势的区域，更缺乏现代的信息、技术、人才、资本的吸纳能力，进而导致历史和现实问题都在不断加剧贫困落后地区和发达地区的差距。这种差距的加大，如果没有有效政策和制度的制约，或者有效的外部环境的改善，靠它自身很难解决问题。

第三，集中连片贫困地区自身发展的区位及其他因素的差异性。空间非均质理论决定了贫困地区和发达地区在区域发展过程中呈现差异性，而这些差异性除了资源本身以外，最重要的是体现在公共资源配置方面。公共资源配置是一个地区的社会经济发展过程中非常重要的保障和能力形成的条件。公共资源主要是指道路交通、能源、教育、整个社会发展的保障（包括养老保险、低保）等。而在我国发展的现实中，越是贫困地区，公共资源的享有水平越是远远低于发达地区。公共资源配置不公平是中国社会发展导致的发展不均衡和贫困难以快速解决的重要问题。而往往是这种不公平，使得区域间社会福利和公共供给的差距越来越大，人力资本生产率低，最终导致了贫困地区自身发展能力落后、产业发展水平和效率低下等问题。

在扶贫过程中要解决公平问题，关键是要找准扶贫政策的瞄准对象。我国长期以来的扶贫工作都是以贫困地区为瞄准对象，实行区域整体性扶贫与开发。这样的区域性扶贫政策取得了良好的效果，促进了贫困地区经济发展水平的不断提高。而在区域整体性贫困有所改善后，扶贫的对象瞄准对于社会公平的实现尤为重要。

精准扶贫对于扶贫对象的瞄准做出了明确的要求，这也将极大地促进社会公平和正义。在我国贫困人口的聚集区域，大部分是由于交通不便和资源禀赋不足造成的落后闭塞。针对他们的扶贫，就是对于全社会的扶贫，将社会最低人群的收入提高，增加的是整个社会的总资产和整个经济体量。"小康不小康，关键看老乡。"社会主义不是一部分人的富裕，也绝对不会让人民群众由于外在条件的差异，造成巨大的贫富落差。精准扶贫，就是瞄准真正贫困的群众，让他们得到实惠和福利，就是让阳光照射到每一个角落，就是让改革的红利惠及每一位公民。

三 效率的实现：产业定位

从经济学角度来看，效率仅指资源的合理配置，即资源发挥最大（或较大）的生产效率或以最少的投资获得最多（或较多）的产出。本书所讲的效率就是经济学角度的。在市场经济条件下，效率的提高利于生产成本下降和利润的增加、社会财富和个人财富的增加，效率因此成为政治、经济活动的首要目标。

公平与效率作为人类社会进步所追求的两个基本目标，两者的根本差别就像如何合理分配蛋糕和如何把蛋糕做得更大一样。从定性看，扶贫公平与效率之间是存在相互促进关系的：公平需以效率作为基础，效率的提高将有助于增进社会公平，这是因为效率提高就会使社会财富这块蛋糕做得更大，从而每个人分到更多分量的蛋糕，贫困地区才有可能得到社会更多的援助；效率需以公平作为保障，社会公平状况的改善将有助于促进效率的进一步提高，这是因为公平状况的改善将激发人们生产活动的积极性和创造性，促进贫困地区大量闲置资源的开发与充分利用，从而能提高所有资源的生产效率。

产业精准扶贫是一项复杂和系统性的工作，需要通过不断的机制创新和实践来提高产业扶贫的效率。产业扶贫效率的实现，一般需要对产业进行明确的定位，即选择合理的主导产业及其发展规模。对于区域经济的发展而言，主导产业应该是对区域经济增长能够产生较大带动与贡献的产业。主导产业的选择正确与否至关重要，不仅关系到本产业的发展，而且也会对其上、下游产业产生较大的辐射带动作用。而在精准扶贫的背景下，主导产业的选择需要与贫困人口的瞄准相结合。连片特困区的主导产业普遍缺少竞争力，因此瞄准贫困人口的主导产业应该更倾向于特色产业的培育和发展。《中国农村扶贫开发纲要（2010—2020年）》明确指出，发展特色产业是扶贫攻坚的重要方式。

资源禀赋基准是产业选择的理论之一，包括劳动力、资本、土地、技术、管理等资源。正确选择主导产业必须因地制宜，从当地具体情况出发，考虑本地的资源禀赋状况，争取通过特色产业实现产业扶贫。特色产业扶贫要回答好两个问题，一是为什么要精准，二是怎么样做到精准。首先，为什么产业扶贫下需要精准。习近平总书记指出："扶贫开发推进到今天这样的程度，贵在精准、重在精准、成败之举在于精准。"经过多年努力，容易脱贫的地区和人口已经解决得差不多了，越往后脱贫攻坚成本越高、难度越大、见效越慢，减贫边际效应不断下降，增收难度不断加大，贫困代际传递趋势明显，是难啃的"硬骨头"。因此，特色产业扶贫必须要改变以往大水漫灌、跑冒滴漏、"手榴弹炸跳蚤"的帮扶方式，切实提高扶贫效率，做到对症下药、靶向治疗、量身定制、精准投放，集中人力、物力、财力，打好脱贫攻坚战。

探讨了为什么产业扶贫需要精准的问题，接下来就是怎么样做到产业扶贫的精准问题。针对贫困人口的产业扶贫，就是要在精准识别扶贫对象的基础上做到"四精准"，即产业选择精准、经营规模精准、支持方式精准、贫困人口受益精准。做到这四个精准，产业精准扶贫就有了基本保障。一是特色产业选择精准。重点支持贫困村发展种养业和传统手工业，大力推进"一村一品""一乡一业"，宜农则农、宜菜则菜、宜果则果、宜草则草、宜牧则牧、宜林则林，适合什么就发展什么，同时积极发展休闲农业和乡村旅游等新业态。特色产业精准扶贫具有市场性，产业规模在不同地方、不同产业具有不同的要求，要从经济学角度来考量特色产业发展的规模和质量。二是经营规模和经营方式精准。这是通过产业发展激发生产经营活力、确保贫困户受益的关键，既事关生产力发展，也涉及生产关系调整。近年来，不少地方都在积极探索，取得了较好成效，积累了不少经验，为产业精准脱贫奠定了坚实基础。比如在河北威县实施的"金鸡产业扶贫计划"，将扶贫资金量化为股本分配到每个贫困人口，以合作社为依托，实行公司化管理，确保了贫困人口长期稳定收益。三是支持方式精准。要注重从产业项目、支撑体系、融资方式三方面来把握和推进。只有这样，支持才能踩到点上，不会脱轨跑题。比如贵州省兴仁县"90后"年轻人以众筹方式建立的薏仁生态经济区，共安置扶贫移民4000人，发展产业带动就业5000人，实现就地城镇化5000人，形成了种植业、加工业、服务业融合发展的特色产业扶贫模式。四是贫困人口受益精准。这是"四精准"的核心和落脚点。具体来说，就是要做到"四到户"即扶贫对象聚力到户、增收时效有序到户、扶贫资金挂钩到户、考评验收明确到户。产业选择精准是前提，经营方式精准是保障，支持方式精准是支撑，人口受益精准是核心。"四精准"是一个整体，相互依存，相互促进。只有做到"四精准"，才能完成中央提出的通过产业扶贫实现精准脱贫的战略目标。

从我国目前的产业扶贫政策来看，在贫困地区，大量存在搞种植业、养殖业、发展乡村旅游等产业来搞产业扶贫的现象。这些实践看上去是在发展产业的过程中带动贫困人口，但实际上这些产业扶贫政策大部分是由于政治需求，政策强制性地让贫困人口参与到产业发展中来，并非可持续、追求效率的产业发展。从产业效率来看，让贫困人口参与大的产业的发展，效率是很低的。因为贫困人口的能力往往是较差的、教育水平是较差的、体力是较差的，或者其他方面素质也是较差的，如果由于政策导向让这些能力较差的农民参与当地大产业的发展，一方面，会导致产业发展效率极其低下，造成资源投入的浪费和整个区域产业发展水平难以提升；另一方面，会让贫困人口有更大的政策依赖性，尽管短期看来能够带动就业，增加贫困人口收入，但一旦相关扶持政策取消，这些贫困人口又会面临失业，重返贫困，因此这样的途径是不可持续的脱贫。

贫困人口通过产业扶贫实现精准脱贫，一定是要让贫困人口参与其能力范围内的、可以持续提升其能力和稳定脱贫效果的产业。这就需要准确定位精准扶贫的产业规模。对于贫困群体而言，以当地市场为导向的小规模的合作、小型产业链的构建、小型产业经营主体是能够实现产业发展效率的，是真正适合贫困人口脱贫的产业定位的。

第二节　产业精准扶贫的动力分析

一　产业精准扶贫的驱动力

产业精准扶贫的关键是找准脱贫的动力，形成合理的利益连接机制。产业精准扶贫应该发挥两方面的作用，一是促进区域发展，二是带动贫困户脱贫。因此贫困地区要实现区域整体性脱贫，其动力来自两个方面，一是来自区域层面的外部动力，二是来自贫困户个体的内部动力。

首先，就区域角度而言，扶贫政策、区域发展政策以及相关制度保障为区域发展提供了外部动力，在区域经济整体推动下，通过"大产业、大循环"来促进产业规模效益的实现。区域产业的发展是产业精准扶贫的基础，因为对于贫困人口而言，无论是主观还是客观原因，他们在现实发展中都是最弱的群体。因此在帮助最贫困的群体脱贫的过程中，外部的激励和扶持就十分重要。而当区域大的产业和社会经济真正发展到的一定程度时，才能够为瞄准贫困人口的产业提供基础性条件。因此，通过产业扶持实现精准脱贫，其外部动力就是大规模、大产业的发展。

就贫困人口个体而言，土地、劳动力、资金等生产要素是他们参与产业发展的基础，构成了产业精准扶贫的内部动力。如何让贫困户通过有限的生产要素来进行生产经营，实现收益，是通过产业发展实现精准脱贫的关键。在区域经济不断发展和贫困人口可持续脱贫的双重驱动下，才能真正实现区域整体性脱贫（见图3-1）。

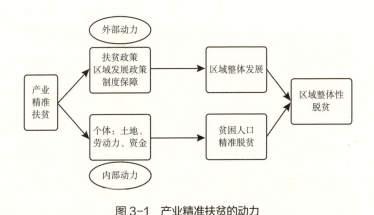

图3-1　产业精准扶贫的动力

二　小农户与大市场的利益连接机制

产业精准扶贫中的一个关键问题是形成合理的利益连接机制，解决小农户面对大市场的问题。中国自古就是小农经济，这种经济的主要特点是农户常常处于弱势地位，农业生产靠天吃饭、种植不稳定，单打独斗面对大市场风险较大。而贫困户更是如此，他们就像是农村的末梢神经，其面对大市场就往往需要承担更大的风险。学者们普遍认为，小农户要面对大市场，分享市场所带来的好处，需要通过其他协助（例如政府、企业、合作组织、大户等）来降低风险、保障收益。

对产业扶贫模式不断进行探索，小农户与大市场对接过程中存在极大的不确定性和风险。比如产前的种植品种选择、产后的销售等。合适的中介组织，比如政府部门扶贫办、村集体、大户、合作组织、企业等，都可以带动小农户参与到大市场。理想的中介组织，可以帮助农户解决资金短板、提供营销策略，使农户安心生产。

一般产业扶贫主要有以下几种模式。第一，"公司＋农户"。在这种模式中，龙头企业一般采取反租倒包形式租用农民的土地，租金由企业支付给村集体，企业与村民之间是典型的雇佣与被雇佣关系。第二，"公司＋农民经济合作组织＋农户"。在这种发展模式中，一般首先由当地村集体与企业合作，联合成立合作社，农民以土地入股，每股土地的租金不等，随市场和所在地区变化而变化，由村集体与农户签订土地承包合同，在有的乡镇，土地契约关系的存在成为分散的小农户是否有资格参加生产的门槛，以自家土地入股的农户享有优先资格参与生产与年底分红，并享受每年的土地租金。在这种模式中，土地租金由合作社支付给村民，合作社主要通过企业支付的管理费用盈利，企业与合作社是典型的合作共赢关系。合作社与企业签订生产订单以后，再将生产任务分配给生产组长，由组长组织村民生产。第三，"公司＋大户＋农户"。在此模式下，大户租赁村集体的土地，按照生产要求申请成立基地，再雇用农户从事生产。土地租赁费用完全由大户支付，承包户中有不少是村干部，这可能是因为村干部在土地集约方面具有行政上的优势。第四，"农民专业合作组织＋农户"。在这种模式下，农民专业合作组织直接充当中介组织，将分散的农户与大市场进行对接。一般合作组织由村里的能人带头，农民以土地或资金入股，合作社为农民提供统一的生产、经营、销售等服务（见表 3-1）。

表 3-1　产业扶贫的几种主要模式

模式	特点
公司 + 农户	企业租用农民土地，租金支付给村集体或农户
公司 + 农民经济合作组织 + 农户	农民经济合作组织作为中介组织，在连接企业与农户方面发挥非常重要的作用，降低交易成本
公司 + 大户 + 农户	企业与大户形成合作关系，大户再雇用一般农户或贫困户进行生产经营
合作组织 + 农户	合作组织直接作为中介组织，连接小农户与大市场，为农民提供统一的生产、经营、销售等服务

在实践中，"公司 + 农户"的扶贫模式比较常见，但这种模式的缺点在于，企业与农户之间合作的交易成本较高，农户出于自身利益的考虑，常常会有违约行为的发生，而企业违约的可能性有时比农户违约的可能性更大。因此二者合作关系的不稳定就有可能使双方都失去获得长期收益的机会。与"公司 + 农户"相比，通过大户、农民合作组织等中介组织与企业进行合作，则能够有效降低农户专业化生产产前、产中和产后三个环节的风险不确定性。

第三节 "微产业、小循环"的创新产业扶贫机制

在发展过程中，外部资源输送进入贫困地区时往往会

出现精英捕获现象，即本应该惠及大众的资源被少数群体（常常是政治或经济上有权力的集团）占有。国内大量研究表明，我国近年来的扶贫实践中存在大量的精英捕获现象，在社区层面表现为扶贫政策的实施使相对富裕的人受益更多。产业精准扶贫在实施过程中，当一个产业被引入，是否能够真正聚焦到贫困人口上，效果往往不尽如人意。这是因为贫困群体处于神经末梢，能力往往比较弱，对产业发展的响应也相对较慢。贫困人口在参与产业发展时，很多时候是被动的、作为一种最低效的劳动力的方式来参与产业发展。

对于贫困人口而言，他们拥有的生产资料（土地、劳动力、资金）十分有限，那么想要通过有限的生产资料来进行生产，实现收益，就需要适度的、小规模的、小循环的产业来实现。因为小规模的产业和循环中，贫困人口产业发展的机会相对较多，他们不必面对巨大的竞争，也不必承担巨大风险。从事一些小的生产项目，以当地市场为目标，形成小微型产业链，更符合贫困人口的发展实际，其产业扶贫效果也相对更好。因此，对于分散的贫困户，精准扶贫长期的产业扶贫机制，是由整个区域发展水平、发展能力的提升所带动的。而短期的精准扶贫机制，一定是要通过"微产业、小循环"的机制，让贫困人口真正能够参与进去的。

对于连片特困地区，从产业扶贫的长效机制出发，产业精准扶贫要瞄准片区的区域发展，在"大产业、大循环"的扶贫机制下，通过发展当地的支柱产业，吸引大型企业参与，通过大规模的产业发展，面向全国、全球化的大市场提升片区产业发展综合实力，为精准扶贫的产业安排提供良好的发展基础和外部环境。另一方面，从瞄准贫困人口脱贫的精准视角出发，产业精准扶贫应该聚焦贫困人口，在"微产业、小循环"的扶贫机制下，发展贫困人口容易参与和受益的特色产业，通过创新农业生产组织形式，建立起能够对接小农户和大市场的小型组织单元，通过较短的产业链，面向地方或范围较小的市场提升贫困人口的产业发展能力，从而实现精准脱贫的目标（见图3-2）。

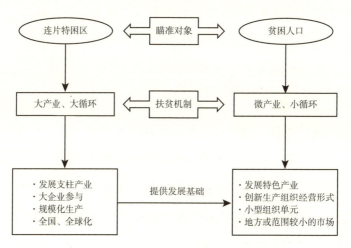

图3-2 连片特困区产业精准扶贫创新机制

分散的农户特别是贫困户在市场中通常处于弱势地位，在资源整合和利益分配的过程中需要政府的协助来保障自己的利益。微产业本身，首先必须要有一个产业发展的大环境，才可以实现"微"层面的发展。这也是本书在前面提到的区域层面发展大产业、大循环是产业精准扶贫的基础，能够为瞄准贫困群体的"微产业"发展提供良好的外部环境。微产业并不是单纯的要将产业规模缩小的一种产业发展形势，而是要以贫困人口为主体，形成各种形态的生产经营组织单元，与不同类型的合作组织、家庭农场、大户形成联动，才能够构建起真正和整个产业链对接的一种产业形态。微产业与以往的产业扶贫形式有所不同，其并不是通过引进大型企业来发展当地经济的，因为这种大型产业的投资，毕竟还是以追求经济效益为主要目标，贫困人口的参与不仅会导致整个产业效率的降低，而且对其本身而言这种产业扶持脱贫的效果是不可持续的，一旦缺乏政策扶持，就会导致重返贫困现象的出现。

在精准扶贫过程中发展微产业，是考虑到了贫困人口的这种特殊性来构建的。而与之相对应的"小循环"，就是在跟市场对接过程中，从具体生产活动到产品、加工、市场、消费，都是以地方市场（或一定范围内的小市场）为目标来实现的。微小产业比较适合创新的生产组织经营形式，小循环就是尽量是以地方的市场为基础。在贫困地区，引导农业的发展，包括绿色的、特色的农产品，尽量首先形成一个地方的循环。以当地市场为主导，而不是直接通过电商、通过大型公司，大的物流的循环形成一个产业链。后者这样的循环需要的条件非常高，且成本高、风险大，而贫困人口恰恰是风险承担能力最小的群体，因此通过大型产业的发展带动贫困人口脱贫，其实难度是非常大的。因此，从生产组织形式来看，这种微产业、小循环是适合贫困人口的。

第四节　本章小结

　　产业精准扶贫是一项以社会公平为导向的政策，其最终是通过提高产业扶贫的效率来实现脱贫和社会公平的目标。若过分注重效率，就会出现精英捕获等现象，将贫困人口排斥在产业发展之外，使贫困人口失去发展机会，有失公平。若过分追求公平，则必然使政府投入过多，造成产业效率低下，影响整个区域的经济发展，损失了效率。

　　社会稳定发展离不开公平，公平的社会才能为人民提供平等发展的权利和机会。扶贫过程中要解决公平问题，关键是要找准扶贫政策的瞄准对象。精准扶贫对于扶贫对象的瞄准做出了明确的要求，这也将极大地促进社会公平和正义。而从产业效率来看，让贫困人口参与大产业发展，效率是很低的。贫困人口要想通过产业扶贫实现精准脱贫，一定要让其参与能力范围内的、可以持续提升其能力和稳定脱贫效果的产业。这就需要准确定位精准扶贫的产业类型及其规模。对于贫困群体而言，以当地市场为导向的小规模的合作、小型产业链的构建、小型产业经营主体是能够实现产业发展效率的，是真正适合贫困人口脱贫的产业定位。

　　产业精准扶贫其动力来自两个方面：一是区域层面的外部驱动力，包括扶贫政策、区域发展政策、制度保障等，通过发展地方主导产业实现区域综合发展能力的提升；二是来自贫困户个体的内部驱动力，通过土地、劳动力、资金等生产要素的提升，实现贫困人口的精准脱贫。

产业精准扶贫应结合两方面的驱动力，建立合理的扶贫机制。对于连片特困地区，从产业扶贫的长效机制出发，产业精准扶贫要瞄准片区的区域发展，在"大产业、大循环"的扶贫机制下，通过发展当地的支柱产业，吸引大型企业参与，通过大规模的产业发展，面向全国、全球化的大市场提升片区产业发展综合实力，为精准扶贫的产业安排提供良好的发展基础和外部环境。另一方面，从瞄准贫困人口脱贫的精准视角出发，产业精准扶贫应该聚焦贫困人口，在"微产业、小循环"的扶贫机制下，发展贫困人口容易参与和受益的特色产业，通过创新农业生产组织形式，建立起能够对接小农户和大市场的小型组织单元，通过较短的产业链，面向地方或范围较小的市场提升贫困人口的产业发展能力，从而实现精准脱贫的目标。

第四章

城固县贫困现状及扶贫发展历程

本研究旨在对集中连片特困地区产业扶贫问题进行分析和探讨，因此选取了陕西省城固县作为研究区域。城固县位于我国 14 个集中连片特困区之一——秦巴山集中连片特困区。该片区集革命老区、大型水库库区和自然灾害易发多发区于一体，内部差异大、贫困因素复杂，是国家新一轮扶贫开发攻坚战主战场中涉及省份最多的片区。城固县在该片区内相对而言经济发展基础较好，产业扶贫近年来也取得了良好的效果，为当地扶贫工作做出了巨大贡献。

在精准扶贫阶段，产业扶贫依然对该地区扶贫工作的推进有着十分重要的意义。在分析探讨集中连片特困地区产业精准扶贫问题时，本章将首先对该区域贫困现状和扶贫发展历程进行梳理和分析。

第一节 秦巴山片区贫困问题分析

秦巴山集中连片特殊困难地区（以下简称"片区"）跨河南、湖北、重庆、四川、陕西、甘肃六省市的80个县（市、区），总面积为22.5万平方公里。秦巴山片区西起青藏高原东缘，东至华北平原西南部，跨秦岭、大巴山，地貌类型以山地丘陵为主，间有汉中、安康、商丹和徽成等盆地。气候类型多样，垂直变化显著，有北亚热带海洋性气候、亚热带—暖温带过渡性季风气候和暖温带大陆性季风气候，年均降水量450~1300毫米。地跨长江、黄河、淮河三大流域，是淮河、汉江、丹江、洛河等河流的发源地，水系发达，径流资源丰富，森林覆盖率达53%，是国家重要的生物多样性和水源涵养生态功能区。矿产资源品种多样，天然气蕴藏量大。旅游资源丰富，极具开发潜力。

一 秦巴山区贫困特点

第一，农户生计脆弱，致贫原因复杂。片区受大山阻隔，相对封闭。片区内地形复杂，洪涝、干旱、山体滑坡等自然灾害易发多发，是我国六大泥石流高发区之一，因灾致贫返贫现象严重。51个汶川地震极重灾县和重灾县有20个在片区，灾后振兴发展任务繁重；全国45个未控制大骨节病县中有16个在片区，因病致贫问题突出；有42

个县属于南水北调中线工程水源保护区，4个县位于三峡库区。国家和省级扶贫开发工作重点县占总县数的90%，有47个老区县，占总县数的58.8%。2010年，扶贫标准（1274元）以下农村人口有302.5万人，贫困发生率为9.9%，比全国平均水平高7.1个百分点，比西部地区平均水平高3.8个百分点；农民人均纯收入仅相当于全国平均水平的67.2%。劳动力文化程度低，技能和经营能力不足。农户家底薄、生产积累少，抵御市场风险能力弱。贫困面广、程度深。

第二，区域发展差异大，产业支撑能力弱。片区内东部与西部之间、城市与农村之间、平坝与山区之间发展差距大，农村特别是深山、高山区发展困难，陇南、巴中等地存在大范围深度贫困。2010年，片区内人均地方财政一般预算收入、农民人均纯收入最低的县仅为片区平均水平的23.2%、45.7%。片区内"三线"建设形成的飞地经济特征明显，城乡二元结构矛盾突出，中心城市对周边辐射带动作用明显不足。旅游、农业等特色资源开发程度低，配套设施落后，产业链条不完整，资源优势没有转化为发展优势。

第三，基础设施薄弱，交通制约突出。片区内水利设施薄弱，部分地区工程性缺水严重，基本农田有效灌溉面积仅为总面积的37.5%，40.2%的农户存在不同程度的饮水困难，69.3%的农户还存在饮水安全问题。24.7%的行政村没有完成农网改造。省际、县际断头路多，铁路网覆盖范围不广，陇南9县区整体不通高速公路。片区内 4.5% 的乡镇不通沥青（水泥）路，50.6% 的建制村不通沥青（水泥）路，大山深处还有一些群众靠溜索出行。机场建设和航空运输严重滞后。交通运输骨干网络不完善，综合交通运输网络化程度低，制约了区位优势和资源优势的发挥。

第四，基本公共服务不足，科技支撑乏力。片区内人均教育、卫生支出仅相当于全国平均水平的 56%。教育设施整体落后，师资力量明显不足。医疗卫生条件差，妇幼保健力量弱，基层卫生服务能力不足。农技推广服务不足，农业科技应用水平低，现代农业发展缓慢。科技支撑当地发展的潜力没有充分显现，对经济增长贡献率低。

第五，生态建设任务重，开发与保护矛盾突出。片区承担着南水北调中线工程水源保护、生物多样性保护、水源涵养、水土保持和三峡库区生态建设等重大任务，有 85 处禁止开发区域，有 55 个县属于国家限制开发的重点生态功能区。生态建设地域广、要求高、难度大，资源开发与环境保护矛盾突出。

二 基于农户调查的秦巴山片区多维贫困现状

集中连片贫困地区的致贫因素比较复杂，且地区差异性十分明显。因此对该区域多维贫困问题进行测度，能够更加客观地反映该片区贫困的特点和存在的问题。而本书旨在探讨集中连片地区的产业精准扶贫问题，因此在构建多维贫困测度指标时，将就业这一维度考虑进来，通过多维贫困的测度，分析该片区贫困的现状和存在的问题，为后面探讨产业扶贫机制的构建提供基础。

（一）样本的选取

本研究选择了陕西省太白县、周至县、城固县、佛坪县，和湖北省神农架林区、茅箭区6个县（区）作为样本区，对6个样本县（区）自然保护区周边的658户农户进行了问卷调查，回收有效问卷630份，样本分布情况详见表4-1。

表4-1　研究区域及样本分布情况

单位：户

区域	样本区县	样本数量
秦岭南坡（陕西）	太白县	151
	周至县	129
秦岭北坡（陕西）	城固县	80
	佛坪县	142
巴山地区（湖北）	神农架林区	63
	茅箭区	65
合计		630

资料来源：根据调研实际情况统计而得。

（二）多维贫困理论及测度方法

1.多维贫困的理论分析

随着对贫困问题的认识的不断深入，国际上对贫困的识别经历了从单一贫困到多维度贫困的转变，目前初步对多维贫困达成了共识，即认为贫困不仅仅是缺乏收入的问题，也是对人类发展的权利和能力的剥夺。对多维贫困问题的研究大都是以 Sen 的能力贫困理论为基础的，联合国的人类贫困指数（HPI）和多维贫困指数（MPI）也是在能力剥夺思想的基础上构造的。同时，联合国的千年发展目标制定了一套目标和指标，旨在消除贫穷、饥饿、疾病、文盲、环境恶化和对妇女的歧视。《中国农村扶贫开发纲要（2011—2020）》的总体目标是：到 2020 年，稳定实现扶贫对象不愁吃、不愁穿，保障其义务教育、基本医疗和住房。可见，多维贫困的理念已经开始在国内外被应用于减贫的实践中，从多个维度研究贫困问题具有科学和实践意义。

对于贫困问题的测度与评价，国内外已经有了大量的研究，主要集中在对贫困概念的界定、贫困的测度、贫困影响因素等方面。从 Sen 提出单一的收入或支出方面的贫困指数不能全面反映个体真实的贫困情况开始，以他的能力贫困理论为基础的多维贫困的问题受到学术界的广泛关注，并越来越多地被应用于贫困问题的研究。国内的许多学者也已经对中国及典型区域的多维贫困问题及其测度方法进行了探索和实证研究，力求通过测度发现某一区域贫困的深层次原因。目前国内外关于多维贫困的测度，主要集中在两个方面，一是多维贫困测度的维度和指标的选择，二是构造多维贫困指数的方法。从多维贫困的维度和指标构建来看，目前的研究大多围绕 MPI 的测度来展开。从测度方法来看，主要有基于信息理论的方法、公理化方法、模糊集方法、投入产出效率方法、多元统计分析以及应用最广泛的 A–F（"双界线"）方法。

2. A-F 测度方法

A-F 方法是联合国开发计划署计算多维贫困指数所采用的方法，也是各种多维贫困测量方法中应用最广的方法。该方法采用"双临界值"来测度贫困问题，整体测量以及分指数测量直观且易于解释。具体地，本书将 Alkire 和 Foster 提出的多维贫困测度方法分为三个步骤：贫困的识别、贫困的加总、贫困的分解。

贫困的识别。首先确定要测度的所有个体在各个维度上的取值，定义一个 $n \times d$ 维的矩阵 $M^{n,d}$，$y_{ij} \in M^{n,d}$，表示个体 i 在维度 j 上的取值，$i=1, 2, \cdots, n$；$j=1, 2, \cdots, d$。在确定了每个个体在不同维度上的取值后，就可以进行单一维度的贫困识别，具体如下：

①每个维度确定一个值 Z_j（$Z_j>0$），表示第 j 个维度被剥夺的阈值。

②定义一个剥夺矩阵 $g^0=[g_{ij}^0]$，矩阵中的每一个元素代表个体 i 在维度 j 上是否被剥夺。当 $y_{ij}<Z_j$，$g_{ij}^0=1$；当 $y_{ij} \geqslant Z_j$，$g_{ij}^0=0$。

③对于剥夺矩阵 g^0，可以定义一个列向量 $c_i=|g_i^0|$，表示个体 i 在 c 个维度上贫困。

对于多个维度贫困的识别，定义一个函数 $\rho_k(y_i; z)$ 表示个体同时在 k 个维度上贫困（即个体 i 同时在 k 个维度上被剥削），令 $k=1, 2, \cdots, d$。当 $c_i \geqslant k$ 时，$\rho_k(y_i; z)=1$，当 $c_i<k$ 时，$\rho_k(y_i; z)=0$。即当个体 i 被剥夺的维数 c_i 小于

k 时，该个体被定义为非贫困个体，当个体 i 被剥夺的维数 c_i 大于等于 k 时，该个体则被定义为贫困个体。

贫困的加总。在识别了多维贫困之后，需要进行维度的加总，得到多维贫困综合指数。A-F 测度方法对贫困的加总是建立在 FGT（Foster-Greer-Thorbecke）方法的基础上的，定义 M_0 为调整后的多维贫困指数，其具体计算公式为：$M_0(y;z)=\mu[g^0(k)]=HA$。其中，H 是贫困发生率，即贫困个体占所有个体的百分比；A 为平均剥夺份额，即所有贫困个体受剥夺份额的平均值。A-F 方法中还有两种调整的指数形式，分别是用平均贫困距 G 和平均贫困深度 S 对 M_0 进行修正，分别为 $M_1(y;z)=\mu[g^1(k)]=HAG$ 和 $M_2(y;z)=\mu[g^2(k)]=HAS$。可见，用 A-F 方法测度的多维贫困指数有 M_0、M_1、M_2 等不同形式，本研究中采用 M_0 的计算方法进行测度。

贫困的分解。多维贫困指数可以按照不同子群、不同维度进行分解。以不同维度的分解为例，计算公式为：$M_0(y;z)=\sum_1^m\dfrac{n(a_m)}{n}M_0(a_m;z)$。其中 a_1，a_2，…，a_m 表示不同的维度（或不同区域），总的多维贫困指数是各维度（各地区）多维贫困指数的加权平均数，权重为各维度（各地区）贫困人口占总贫困人口的比重。

（三）多维贫困评价指标体系的构建

本研究对农户多维贫困进行测度，是在以往多维贫困评价指标选取的基础上，考虑到产业扶贫与就业的紧密联系,增加了"就业"这一维度构建本研究的多维贫困评价指标体系。以往的多维贫困测度的指标选取主要来源于三个方面:(1) UNDP 确立的多维贫困指数（MPI）;(2) 联合国千年发展目标（MDGs）确定的消除贫困的各项目标和指标;(3)《中国农村扶贫开发纲要（2011~2020）》对减贫目标的具体要求。这三个方面对贫困测度的具体指标如表 4-2 所示。

表 4-2　贫困评价指标选择的参考依据

名称	具体指标
多维贫困指数 MPI	3 个维度的 10 个指标：健康（营养、儿童死亡率）、教育（儿童入学率、受教育年限）、生活水平（财产、房屋地面、电、饮用水、厕所、燃料）
千年发展目标（MDGs）	8 项消除贫困的目标：消灭极端贫穷和饥饿,实现普及初等教育,促进两性平等并赋予妇女权利,降低儿童死亡率,改善产妇保健,与艾滋病、疟疾和其他疾病做斗争,确保环境的可持续能力,制订促进发展的全球伙伴关系
《中国农村扶贫开发纲要（2011—2020）》	扶贫对象不愁吃、不愁穿,保障其义务教育、基本医疗和住房

就业并不是一个关于福利的新维度,但其真实的重要性在人类发展政策和减贫政策中经常会被忘记,或者至少没有被充分考虑。对于大多数家庭来说,就业是收入的主要来源。虽然贫困有多种定义,但一般来说,一份体面而又报酬不菲的工作总是与不贫困联系在一起的。然而,除此以外,就业还会给人带来自尊感和成就感。就业作为个体福利的一个基本因素,其重要性是毋庸置疑的。农村贫困发生的直接原因是农户不能充分就业,其背后则有体制的、基础设施的、技术的和教育的等多

重原因。[1]

本研究在以往多维贫困指数的基础上，补充了就业这一维度，最终确定了4个维度（健康、教育、生活水平、就业）的10个指标对保护区周边农户的多维贫困进行测量。在指标权重的问题上，本研究的测量采用的是比较常见的等权重方法，即各个指标赋予相同的权重。具体进行贫困测度时采用A–F多维贫困测量方法，指标体系的建立及各指标的阈值详见表4–3。

表4-3　多维贫困测度的指标设置

维度	指标	阈值
健康	健康状况	家中有残疾人或重大疾病者赋值为1，没有则为0
	是否参加医保	未参加医保赋值为1，参加医保赋值为0
教育	劳动力平均受教育年限	劳动力平均受教育年限为9年及以下赋值为1，9年以上赋值为0
	适龄儿童入学情况	家中有适龄儿童失学赋值为1，否则赋值为0
生活水平	住房面积	小于2012年农村居民平均居住水平37.1平方米赋值为1，大于等于37平方米则为0
	饮用水情况	饮用自来水赋值为1，否则为0
	收入水平	人均纯收入低于国家贫困线（2300元）则赋值为1，否则为0
	社会治安	居住地社会治安好赋值为1，否则为0
就业	多工作状态	主要劳动力有兼业行为则赋值为1，否则为0
	就业不足	每周工作少于40小时赋值为1，否则为0

（四）结果与讨论

1. 单一维度贫困状况

首先从单一维度来考察秦巴山区的贫困状况，从表

① 党国英:《贫困类型与减贫战略选择》,《改革》2016年第8期。

4-4 的计算结果可以看出，总体而言，目前该区域面临的主要贫困问题是劳动力教育水平、住房问题以及就业不足问题。在样本县农户中，有 40.2% 的农户劳动力平均受教育年限没有达到九年义务教育的水平，38.9% 的农户对就业情况不满意，35.7% 的农户住房水平没有达到全国农村居民平均居住水平。

表 4-4　单一维度贫困测度结果

维度	项目	太白县	周至县	城固县	佛坪县	神农架	茅箭区	总体
健康	健康状况	0.079	0.295	0.190	0.077	0.302	0.354	0.188
	是否参加医保	0.073	0.016	0.040	0.106	0.111	0.262	0.086
教育	劳动力平均受教育年限	0.391	0.434	0.460	0.549	0.159	0.185	0.402
	适龄儿童入学情况	0.013	0.031	0.000	0.000	0.111	0.200	0.040
生活水平	住房面积	0.305	0.202	0.250	0.155	0.873	0.892	0.357
	饮用水情况	0.013	0.023	0.020	0.056	0.524	0.292	0.103
	收入水平	0.166	0.357	0.200	0.218	0.095	0.277	0.225
	社会治安	0.272	0.070	0.090	0.106	0.048	0.062	0.125
就业	多工作状态	0.185	0.155	0.050	0.183	0.048	0.077	0.134
	就业不足	0.775	0.388	0.100	0.317	0.365	0.123	0.389

资料来源：根据调研结果测度计算而得。

从单一维度贫困测度的结果来看，每个县在各维度上都存在被剥夺，但各县在各剥夺指标上的贫困发生率存在很大差异。（1）从健康维度来看，湖北两个样本区县与陕西的样本相比，农户的健康状况明显较差，医疗保险的参与度较低。（2）从教育维度来看，秦岭南坡的城固县和佛坪县的家庭成员受教育水平最低，秦岭北坡的太白县和周至县次之，湖北的神农架林区和茅箭区相对较高。但适龄儿童入学情况和家庭成员受教育年限的状况刚好相反，神农架和茅箭区最差，其次是秦岭北坡两县，最好的是秦岭南坡两县。（3）从生活水平的维度来看，湖北两县在住房面积、饮用水情况这两个指标上的贫困程度非常高。饮用水方面的贫困主要是由于调查的样本农户中，多数农户的生活用水是山泉水，村中尚未通自来水。收入水平指标上各县的贫困程度相差并不十分明显，这说明秦岭山区农户的收入水平存在一定的相似性，没有明显的差异。社会治安方面，太白县在社会治安指标上最差，这主要是由于当地旅游业发展十分迅速，大量游客会对当地社会治安造成一定的影响。（4）从就业状况这一维度来看，无论是从家庭主要劳动力兼业的效果还是就业不足的情况看，太白县的就业状况最差，而城固县的就业状况相对较好。

2. 多维贫困测度

从表4-5可以看出，样本县农户单一维度（$k=1$）贫困发生率较高，90.9%的调查对象至少存在某一个维度的贫困状况。此外，63.8%的农户存在至少两个维度的贫困状况，34.2%的农户存在至少三个维度的贫困状况，12.2%的农户存在至少四个维度的贫困状况，3.1%的农户存在至少五个维度的贫困状况，0.6%的农户存在至少六个维度的贫困状况。根据A-F方法对贫困个体的判断，样本个体至少有30%的权重指标被剥夺则视为贫困，本研究中则可以认为$k=3$（即某一农户至少存在三个维度以上的贫困状况时）的个体被视为贫困。那么根据表4-5，k=3时贫困发生率为34.2%，贫困指数 M_0 为0.066，平均剥夺程度 A 为0.193。

表4-5　多维贫困测度结果

k	多维贫困指数 M_0	贫困发生率 H	平均剥削程度 A
1	0.027	0.909	0.030
2	0.059	0.638	0.093
3	0.066	0.342	0.193
4	0.036	0.122	0.299
5	0.012	0.031	0.400
6	0.004	0.006	0.600

资料来源：根据调研结果测度计算而得。

从多维贫困测度的结果来看，与王小林对中国农村多维贫困的测度结果（k=3时的全国贫困发生率为19.8%，贫困指数 M_0 为0.087，平均剥夺程度 A 为0.439）相比，秦巴山区的贫困发生率较高，贫困问题相对严重。

3.多维贫困指数的分解

不同维度的分解。表4-6的结果表示不同的 k 值所对应的多维贫困指数 M_0（即在10个维度中同时在 k 个维度上贫困的农户被视为贫困户），以及在不同 k 值下每个维度对多维贫困指数的贡献率。例如，k=3时，多维贫困指数为0.066，表示同时存在三个维度贫困的贫困指数是0.066。在 k=3时，就业不足、劳动力教育水平以及住房面积对多维贫困的贡献率相对较大，分别为20.05%、17.95%、16.08%。

表4-6 多维贫困指数（M_0）——不同 K 之下每个维度的贡献率

单位：%

k	M_0	健康状况	医疗保险	受教育年限	儿童入学情况	住房面积	饮用水情况	收入水平	社会治安	多工作状态	就业不足
1	0.027	6.29	1.71	30.29	0.00	20.57	2.29	6.29	3.43	8.00	21.71
2	0.059	9.95	4.08	21.68	1.53	18.62	4.85	10.71	3.32	5.10	18.62
3	0.066	7.46	4.43	17.95	1.86	16.08	4.66	11.89	8.39	7.23	20.05
4	0.036	13.56	5.51	14.41	4.24	15.25	5.93	12.29	6.78	5.08	16.95
5	0.012	8.75	3.75	12.50	2.50	18.75	7.50	11.25	11.25	7.50	16.25
6	0.004	4.17	8.33	8.33	0.00	12.50	16.67	16.67	4.17	16.67	12.50

资料来源：根据调研结果测度计算而得。

以上结果说明了目前秦巴地区多维贫困面临的主要问题是就业不足、教育及住房问题，因此在今后的扶贫开发过程中，应该将这几个方面的问题作为重点，制定和实施相应的措施加以改善，帮助该区域消除贫困。首先，就业不足问题比较普遍。实地调研中发现这主要是由于调查样本中，家庭主要劳动力多以从事农业为主，他们的实际工作时间相对较短，因此出现了相对"劳动不足"的现象。实际上，调查区域农户家庭中大都不缺乏劳动力，只是劳动力没有充分就业造成了其相对贫困的状态。这一部分就业不足导致的贫困，就可以通过产业扶贫的方式得以解决。贫困人口通过产业扶贫有了更多的工作机会，就会在这个维度上摆脱贫困。第二，人均住房面积水平较低，调查样本的人均居住面积为35.7平方米，低于2012年全国农村平均人均居住面积37.1平方米。这主要与该区域农民住房陈旧、家庭人口多有很大的关系。除此之外，调研中还发现，除面积较小之外，住房条件也比较差，尤其是居住在山区的农户，基本都是以土木结构的房屋为主，安全和卫生环境都相对较差。第三，研究区域的教育贫困问题比较严重，家庭成员的受教育程度普遍偏低。造成这一结果可能有两个原因，一是由于本研究在该维度赋予的剥夺值是以九年义务教育为标准的，而实际上许多家庭尤其是老人的受教育程度很低，造成了家庭劳动力平均受教育水平偏低。二是当地的教育水平确实比较落后，大部分村只有小学，而初中以后上学的距离都离家很远，同时农村学校的师资水平不高，接受义务教育的条件也十分有限。

不同样本县的分解。如果将多维贫困指数按各县进行分解，将得到各县的多维贫困指数测度结果（见表4-7）。从测度结果可以看出，如果考虑单一维度的贫困，那么位于秦岭南坡的城固县和佛坪县的多维贫困指数最高，说明这两个县的贫困状况最严重。位于秦岭北坡的太白县和周至县处于中间水平，而位于巴山区域的神农架林区和茅箭区的贫困指数最低。如果在 $k=3$ 的多维角度上看，各区县的贫困状况与单一维度的贫困状况有所不同。$k=3$ 时的贫困测度结果显示，神农架林区的多维贫困指数最高，其次为太白县，茅箭区和周至县的贫困指数相同，处于中间水平，而城固县和佛坪县的贫困指数最低。这个结果与只考虑单一维度贫困的测度结果刚好相反。说明当考虑多个维度（即综合考虑多个因素）时，各区域的贫困状况会发生很大变化。综合表4-7中的测度结果可以得出这样的结论：对于秦巴山区，从单一维度来识别贫困人口时，秦岭南坡的贫困问题最为突出，其次是秦岭北坡，而巴山区域贫困程度最轻。若按照 A–F 法从多个维度对保护区周边贫困人口进行识别，则会发现巴山地区贫困程度最高，其次是秦岭北坡，而秦岭南坡贫困程度最低。由此可见，陕南地区农户的贫困维度相对较少，因此对于贫困人口的瞄准可能会更准确，从而能够使产业精准扶贫取得相对较好的效果。

表 4-7　各县多维贫困指数测度结果

k	M_0	太白县 M_0	周至县 M_0	城固县 M_0	佛坪县 M_0	神农架 M_0	茅箭区 M_0
1	0.027	0.025	0.021	0.040	0.036	0.014	0.017
2	0.059	0.061	0.048	0.058	0.062	0.063	0.071
3	0.066	0.097	0.060	0.042	0.042	0.100	0.060
4	0.036	0.026	0.056	0.000	0.025	0.070	0.068
5	0.012	0.013	0.012	0.000	0.007	0.016	0.038
6	0.004	0.004	0.000	0.000	0.004	0.000	0.018

资料来源：根据调研结果测度计算而得。

第二节　城固县贫困现状及特点分析

城固县地处陕西西南边陲秦岭腹地，位于汉中盆地中部，北依秦岭，南居巴山，属国家划定的秦巴山区贫困片区，老、少、边、穷地区。境内气候宜人，土地肥沃，资源丰富，有"生物资源宝库"和"天然药库"之美称，旅游资源独具优势，开发潜力巨大。依据地形特点，自然形成三部分：北部为秦岭山区，中部为汉江平川区，南部为巴山浅山区。其中，中部平川区人口占全县总人口的 80% 左右，是全县经济较为发达区域。

城固县 1985 年被列为国家贫困县，2002 年被确定为新时期省级扶贫开发重点县。全县面积 2265 平方公里，辖 15 个建制镇、2 个街道办事处、232 个行政村、40 个社区，总人口 54 万人（2015 年），其中农业人口 42.5 万人，是汉中市第二人口大县及副中心城市。城固县有耕地面积 49.3 万亩，其中水田 33.6 万亩。交通便利，土地肥沃，物产富庶，升仙蜜橘、城固银峰等名优土特产品在全国久负盛名，是全国粮油基地县之一，素有西北地区之"陕南明珠"美誉。

城固资源富集，属北亚热带湿润季风区，盛产粮油、柑橘、生猪、中药材、茶叶、大鲵等，现有各种林特产品 300 余种，是全国最大的元胡种植基地县、百万头生猪生产基地县，享有"柑橘之乡""大鲵之乡""天然药库"之美誉；已探明各类矿产资源 9 类 19 种，尤以硅石储量大、品位高，极具工业开发价值；"一江五河"纵横交错，水能蕴藏量 22.6 万千瓦，湑水河 4 座梯级电站已建成投运。城固人文荟萃，自秦设县制距今 2300 多年，是陕西省"历史文化名城"。境内名胜古迹、人文景观、文化遗址达 437 处，有馆藏文物 4000 余件（组），其中国家珍贵文物有 276 件（组）；可开发旅游景点达 60 多处，"中国柑橘生态观光第一园"橘园、"丝绸之路"世界文化遗产陕南唯一申报点张骞墓、国家级水利风景区南沙湖、"中国文化三大坝"之一的天主教总舵古路坝、地母发祥地五郎关等蜚声海内外。

一 城固县社会经济发展情况

2015 年完成生产总值 192.52 亿元，增长 13.8%，增速连续两年居全市第一；财政总收入 4.4 亿元，同口径增长 9.3%，其中地方财政收入 2.87 亿元，同口径增长 23.9%，财政支出 28 亿元，增长 23.3%；社会消费品零售总额 36.12 亿元，增长 13.4%；城镇居民人均可支配收入 27650 元、农民人均纯收入 10430 元，分别增长 8.7% 和 10.1%。

第一，工业经济发展情况。2015 年，全县规模以上工业完成总产值 199.87 亿元，增长 25%，实现增加值 81.02 亿元，增长 22%。启动新一轮"工业翻番工程"，设立工业发展基金 1500 万元，持续推进小巨人成长、中小企业梯队培育计划，工业经济较快增长。成功举办首届硅石产业发展合作研讨会，五郎工业园区完成产业规划、控制性详规编制，建成天然气入园工程、科瑞思超纯石英砂生产线等 5 个项目，一批高等院校的专家教授及国内同行业多次实地考察，达成科研项目及投资意向合作协议 10 余个，城固硅石产业进入快速发展期。以三合循环经济园区为核心区的汉中农业科技园区列入第六批国家农业科技园区，全县生物医药产业规划和园区控制性详规编制完成，宇辰魔芋精粉及中药材提取、山花茶叶深加工等项目进展顺利，天然谷公司登陆"新三板"挂牌交易，生物医药（植物提取）产业发展势头良好。新注册工商企业 196 户；非公经济实现增加值 94.72 亿元，占 GDP 比重达 49.2%。

第二，农村经济发展情况。2015 年城固县全年农业实现增加值 42.77 亿元，增长 5%。粮油总产量 16.44 万吨，实现"十二连丰"；柑橘销售 27 万吨，创收 6.3 亿元，城固柑橘荣获第 16 届国际果蔬·食品博览会"果王"和"2015 全国互联网地标产品（果品）50 强"殊荣；生猪饲养 92.7 万头，出栏 61.8 万头，大北农年产 30 万吨饲料生产线，顺鑫国家核心原种猪场加快建设，百万头生猪产业联盟建设取得突破性进展；蔬菜、茶叶、猕猴桃产量分别达 65.18 万吨、2432 吨和 2 万吨，"张骞牌"汉中仙毫荣获中国茶博会优秀品牌，城固猕猴桃市场供不应求，知名度和美誉度进一步提升；中药材种植 11.27 万亩，其中元胡 8.37 万亩。农村土地确权颁证进展顺利，累计流转土地 6.74 万亩。19 个省市级现代农业园区实现产值 5.93 亿元，新培育农民专业合作社 65 个、家庭农场 31 个。

第三，旅游产业发展迅速。城固县近年来旅游产业发展势头迅猛。目前，文柳路独丘山片区、城南路桃园片区花海景观建设快速推进，城许路、城南路环境风貌提升工程成效显著，上元观古镇保护开发建设顺利启动，湑水河小北河段、南沙河金沙滩段休闲旅游火热兴起，成为全市旅游热点区域。新建旅游厕所 8 座。县博物馆主体即将完工，完成投资 1660 万元。成功举办中国最美油菜花海汉中旅游文化月分会场及柑橘旅游文化月活动，全年接待游客 410 万人次，旅游综合收入 18.5 亿元，分别增长 17.9% 和 21.2%，旅游产业蓬勃兴旺。白云城市广场开业营运，缙颐四星级酒店、亿腾时代广场主体竣工。发展格瑞森"老乡网"等电商 14 家，入驻糯米、美团等运营商 300 多家，县域农产品电商销量列全省第 9 位。新增线上贸易企业 7 户，消费市场持续繁荣。金融机构存、贷款余额分别达 193.1 亿元、41.1 亿元，存贷比 21.3%。

第四，城乡一体化建设效果显著。近年来坚持统筹城乡、建管并重，36 个城建项目完成投资 12.27 亿元，县医院南路建成通车，酒文化广场、东环三路、乐城公园开工建设，建成天然气长输管线 17.5 公里，新增用户 7850 户。持续开展市容环境卫生综合整治和乱修乱建清理清查，创建文化路市容严管等 8 条标准化示范街，成立柳林综合执法大队。柳林省级重点示范镇完成年度投资 6.33 亿元，桔园、上元观、董家营等 6 个市县级重点镇建设有序推进。新建新型农村社区 4 个，60 个美丽乡村示范村整合项目 372 个，完成投资 1.92 亿元，城乡一体发展的协调性进一步增强。

第五，生态环境逐步改善。近年来汉江流域污染防治三年行动进展顺利，对汉江流域生态环境改善做出了贡献。截至 2015 年底，城固县拆改燃煤锅炉 129 台，加油站油气回收治理 21 户，深入开展秸秆禁烧和扬尘治理，全年县城空气质量二级以上优良天数达 340 天。新铺设污水管网 6 公里，皂素企业关闭后续问题处理和废旧塑料加工企业污染治理成效明显。启动农村环境连片整治，省级生态文明建设示范县创建规划批准实施。复垦耕地1100亩，建成高标准农田1.2万亩，绿化造林1.6万亩，治理水土流失108平方公里，生态环境持续变好。

第六，社会保障事业持续推进。2015年全年民生类支出23.07亿元。移民搬迁开工建房3760户，主体完工3110户，被确定为全省首批陕南移民搬迁试点示范县；保障性住房新开工773套，竣工3060套；汉江综合整治加固堤防10.45公里；改造农村土坯房1366户。新增城镇就业7504人，城镇登记失业率3%；农村居民进城落户17412人，转移富余劳动力13.3万人，创收32.49亿元。五大社保扩面2715人，城乡居民养老保险参保实现全覆盖，为22796名低保户发放低保金6362万元。高考再创佳绩，4名学生被清华、北大录取，6名学生被招录为飞行员，教育强县地位更加稳固；"双高双普"有力推进，建成集学前教育、义务教育于一体的朝阳教育园区，29所新建公办幼儿园全面投用，东郊九年制学校开工建设。专利数量列全市第二，全社会科技研发投入居全市第一。县妇女儿童医院开工建设，县医院旧址与中医医院完成资产划拨；新建2个镇卫生院公租房和67个规范化村卫生室；新农合补偿报销111万人次2.2亿元。两所3D数字影院建成营业，电影《古路坝灯火》入选纪念抗战胜利70周年献礼影片在央视六套上映，荣获"巫山神女杯"优秀故事片奖。大世界文化商务中心被命名为省级文化产业示范单位。精准识别贫困人口6.34万人，实现脱贫2.01万人。城许路"白改黑"，三流水、小北河危桥加固及杨滩大桥完工，建成农村公路84.24公里。实施农村饮水工程 27 处，解决了 6.16 万人安全饮水问题。安全生产事故起数同比下降 5.6%。打击食品药品违法犯罪"飓风行动"查办案件 111 起。"六五"普法通过省市验收。乱建庙宇专项整治受到省上表彰。到市、赴省、进京访同比分别下降 30%、27% 和 89%，荣获全省控制进京非正常上访先进县和全省信访工作先进县。深入开展"秦风行动"，破获刑事案件 832 起，社会治安群众满意率稳步提升，全县人民更有安全感和获得感。

第七，现代农业稳步发展。"城固柑橘"荣获中国驰名商标，"城固元胡"荣膺国家地理标志证明商标，张骞牌汉中仙毫获国际茶博会特别金奖，城固县跻身全省猕猴桃产业转型升级示范县。2016 年，实现农业总产值 77.6 亿元，比 2011 年净增 22.69 亿元，年均增长 5.2%，稳居全市第一、全省第三。粮油总产 16.44 万吨，柑橘等果品总产量 31.8 万吨，生猪饲养 110.8 万头、出栏 70.6 万头，蔬菜复种 18.4 万亩，中药材种植 11.4 万亩，猕猴桃种植 3.9 万亩，茶叶产量 4375 吨，主导产业产值占农业总产值的 86%。累计流转土地 8.35 万亩，20 个省市级现代农业园区完成产值 8.06 亿元，培育省市级龙头企业 32 户，农业产业化水平大幅提升。

二 城固县贫困状况及特点

城固县是汉中市除市区以外社会经济发展最好的区县，近年来农村扶贫开发工作虽然取得了显著成效，但制约发展的深层次矛盾依然存在，贫困问题仍然是全县经济社会发展的瓶颈，是全面建成小康社会最大的"短板"。总体而言，城固县目前的贫困问题呈现以下特点。

第一，贫困面大、贫困程度深。城固县经过努力，贫困人口 5 年实现脱贫 7.88 万人，从 2011 年的 13.28 万人减少到 2015 年底的 5.4 万人，扶贫工作取得了显著成效。但 2016 年初，国家将贫困线从 2875 元提高到 2950 元，城固县再次进行了贫困人口复查复核精准识别，全县重新识别出 23936 户 63627 个贫困人口，101 个（合并后）贫困村，贫困发生率为 14.3%。

第二，基础条件差，"短板"问题突出。城固县目前的贫困村和贫困人口都集中在边远贫困山区，地理条件差，经济欠发达，交通等基础设施建设依然落后，群众生产生活条件差，公共事业和公共服务资源分布不合理等社会问题依然突出，制约整个区域发展的深层次矛盾依然存在，是最难啃的"硬骨头"。贫困人口抵御自然灾害的能力依然较低，因病、因残、因学、因灾等原因返贫的现象较为严重。城固县属于地质灾害多发区，近年来连续遭受自然灾害，年均返贫率7%，巩固扶贫成果任务艰巨。

第三，产业发展滞后，农业支柱产业难以形成。城固县既是南水北调中线工程水源涵养区，又是引汉济渭工程的水源地，被国家确定为秦巴生物多样性国家重点生态功能区，资源开发、产业发展受到了严重的约束，加之建设用地资源少，水土资源不匹配，农业生产效益低，产业规模小，产业链短，未形成发展优势。贫困村山地面积大，境内山高坡陡、土地贫瘠、资源匮乏，少数村、贫困户还停留在小而散的传统种养殖业，收入主要靠外出打工，缺乏可持续、效益好的长期稳定产业项目，支柱产业难以形成；同时还存在农副产品加工滞后于产业发展的问题，严重制约了农民增收。

第四，脱贫难度大，时间紧。贫困村基础条件差，与新农村建设标准要求还有很大差距；贫困户经不起自然灾害、重大疾病、市场波动的冲击，自我积累和自我发展能力弱；贫困人口文化素质低，缺乏专业技能，构成复杂，整体脱贫难度大。按照陕西省委、省政府的总体部署，2018年贫困村全部摘帽，现行标准下贫困人口全部脱贫，如期实现目标，任务艰巨。例如，城固县目前易地搬迁进展十分缓慢，在2018年前完成异地搬迁工作时间非常紧迫，压力巨大。易地扶贫搬迁集中安置点选址难，土地、评审等手续办理程序多，审批滞后，使易地扶贫搬迁进展慢。"十三五"期间，全县有7473户20643名贫困人口需要实施异地扶贫搬迁安置。

第五，资金投入有待加强。扶贫资金到位滞后与扶贫项目实施矛盾大。一是导致建设速度慢，项目起点受限，质量受影响；二是基础设施项目资金垫支过大，部分村拉钱负债，难报账；按照"1+19"精准扶贫方案要求，整合各行业的资金投入还有差距，还需加大力度。

第六，点多面广，监管乏力。扶贫项目单项资金规模小，项目分布零散，点多面广，建设内容多，监督检查、总结验收难以及时到位，监管难度大。

第三节　城固县扶贫开发历程及成效

一　城固县扶贫开发历程

从城固县扶贫开发的历程来看，1991 年至 1993 年实施温饱工程，主要加强基本农田建设，稳定解决吃饭问题，扶持发展多种经营，稳定解决收入来源问题。1994 年至 2014 年实施扶贫攻坚计划，开展专项扶贫和社会扶贫。其中专项扶贫主要包括重点村建设，整村推进、连片开发，信贷扶贫，科技扶贫等项目。社会扶贫主要包括省级机关、企事业单位"两联一包"，市直机关部门单位包村，县级机关部门单位包村，千企千村扶助行动等。2015 年开始，城固县开始了以精准扶贫为核心的脱贫攻坚工作（见图 4-1）。

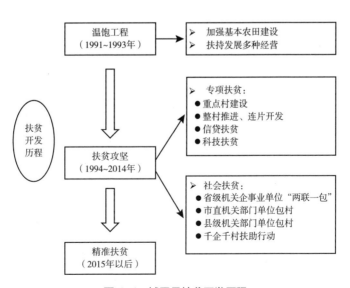

图 4-1　城固县扶贫开发历程

二 城固县扶贫开发取得的成效

城固县自 2011 年实施新一轮扶贫开发以来，在全县上下和社会各界的共同努力下，共投入扶贫资金 208780.4万元，其中财政专项扶贫资金 14042.1 万元，整合部门资金 152302 万元，社会帮扶资金 1941 万元，信贷扶贫资金 20835 万元，群众自筹资金 12790.3 万元。从加强基础设施建设，改善生产、生活环境，着力破解增收难题，注重提高贫困人口的综合素质入手，不断创新思路，切实落实各项精准扶持措施，累计实现脱贫 7.88 万人，开创了城固扶贫工作新局面。

第一，整村推进稳步实施。五年来全县累计实施了 34个整村推进村，累计投入资金 24561.3 万元，其中财政扶贫资金 3290 万元，整合项目资金 8481 万元，群众自筹及投劳折资 12790.3 万元。

新修村组道路 76.3 公里，整修（拓宽）村组道路 174.1公里，入户路 15.1 公里，其中硬化 68.9 公里，建桥 49 座；整修渠堰 98175 米，衬砌河堤 6430 米，建水坝 2 座；建人饮工程 95 处，铺设输水管道 104.9 公里，解决了 20649 人的饮水困难问题；实施低压电线路改造 44.4 公里，解决了4649 人的用电困难；实施土地改造平整 2654 亩。累计发展中药材 17080 亩，蔬菜 2330 亩，魔芋 4361 亩，干（鲜）果 18048 亩，经济林 4200 亩，优质苗圃基地 750 亩，食用菌 65.1 万袋，茶园改造 2630 亩；养殖牲畜 56345 头，家禽 265010 只，大鲵 43000 尾；成立扶贫互助资金协会 22

个。全县农民人均纯收入由 2010 年的 4898 元增长到 2015 年底的 5017 元。累计实施改厨 1877 户、改厕 1630 户、改圈 1497 户，粉刷房屋 823 户 27608 间，硬化场院 1406 户 169910 平方米，建沼气池 308 口，建垃圾池 82 个。扶建学校 10 所 1550 平方米，村卫生室 22 个（所），购置医疗设备 58 台（套）；建村两委活动室 23 个，文化活动广场 22 个，安装"村村通"420 套，路灯 260 盏。广大群众的生活居住环境大大改善，生活质量明显提高。

第二，易地搬迁扎实开展。扶贫移民搬迁与陕南移民搬迁项目整合实施，争取扶贫移民财政扶持资金 5690 万元，搬迁农村贫困人口 5501 户 20680 人，建集中安置点 65 个。移民户的生产生活环境得到根本改善，为脱贫致富创造了条件。

第三，争取中央支持老区彩票公益金 1000 万元，为三个革命老区贫困村解决村组道路 17.25 公里、灌溉渠道 7.85 公里建设资金的困难。

第四，创新机制，积极开展信贷扶贫工作。一是投放信贷资金 16700.0 万元，贴息 90 万元，扶持企业 17 个，辐射带动农户 12000 户；二是争取县财政筹集 1000 万元担保基金，在信用联社、邮政银行设立专门账户，为从事符合国家产业、行业政策的小微企业和贫困户生产发展提供贷款担保，投放到户贴息资金 4135 万元，贴息 162.5 万元，扶持农户 4176 户；三是投入 911 万元成立扶贫互助资金协会 41 个，吸收会员 2596 户，累计投放借款 1350 笔 670 万元，为贫困村、贫困户发展致富解决了资金难题，有力地推动了贫困户增收产业的发展。

第五，坚持因地制宜，加快产业扶贫多元发展。一是投入590万元，实施了低收入农户生产发展项目；发展花卉苗木、中药材、干鲜果等5797亩，养殖牲畜5130头；扶持低收入农户3726户，覆盖贫困村34个。二是投入财政扶贫资金510万元，实施产业化扶贫项目6个，带动987户农户发展柑橘1680亩，茶园600亩。

第六，创新理念，科技扶贫打基础。按照"扶贫先扶智"的工作理念，以"培训促进就业，以就业促增收"为目标，累计投入资金798.6万元。一是投入资金82.5万元，实施劳动力转移技能培训550人；二是投入资金28万元，举办实用技术培训130场，培训22230人；三是投入资金668.1万元，开展贫困家庭学生资助项目，累计资助农村贫困大学生1102人，其中本科生468人、专科生290人、高中生344人、职业技术教育155人。

第七，多措并举，加大行业部门扶贫投入力度。五年来全县各部门投入扶贫资金148321万元，其中基础设施建设投入28966万元，产业发展投入38113万元，民生改善项目投入57219万元，公共服务项目投入19998万元，能力建设投入465万元，生态环境改善项目投入3560万元，有力地推动了全县各项事业的建设和发展。

第八，积极配合，全力抓好社会扶贫工作。社会扶贫五年共投入资金4311万元。6个省级部门单位累计投入各类帮扶资金191万元，先后共有6支包扶工作队分别到各自的包扶点开展驻村帮扶工作，结对帮扶贫困群众36户，慰问贫困、特困户 54 户；15 个市级包扶部门单位累计投入扶贫资金 250 万元，帮助引进资金 260 万元，进驻包扶村开展工作，帮助实施扶贫项目 15 个；27 位县级领导、84 个县级部门单位定点包扶 90 个低收入村，共投入资金 870 余万元，引进资金 370 万元，实施项目 90 个。

第九，精准识别，认真做好贫困人口建档立卡工作。一是抓好"两个瞄准"，做好贫困村和贫困户的识别。2011 年全县识别出 140 个贫困村、4.13 万户 13.28 万贫困人口，为分类施策、精准帮扶到村到户奠定了基础。二是因户施策，精准脱贫。每年将脱贫计划下达到各镇，再由各镇分解到村。针对不同的贫困类型，制定相应的帮扶措施，五年来帮助 7.88 万人解决了增收脱贫问题。

第四节　城固县精准扶贫推进情况

城固县认真贯彻落实《中共中央办公厅国务院办公厅关于创新机制扎实推进农村扶贫开发工作的意见》精神，深化改革，"精准识别扶贫对象、精准分类实施、精准实施管理"建立精准扶贫工作机制，力推扶贫开发工作机制创新。

精准识别扶贫对象。依据国家统一的扶贫对象识别办法，在已有工作基础上，按照"应保尽保，应扶尽扶"的原则，抓好扶贫对象的有效衔接；按照县为单位、规模控制、分级负责、精准识别、动态管理的原则，重点核实审定2500元扶贫标准下建档立卡贫困人口，剔除超过标准的人口和脱贫人口，纳入返贫人口，对每个贫困村、贫困户建档立卡，建立全县扶贫信息网络系统，实现资源共享和动态管理。

精准分类实施。专项扶贫措施与贫困户识别结果相衔接，深入分析致贫原因和发展需求，科学划分贫困村、贫困户类型，以镇为单位逐村逐户制定帮扶措施，坚持"一村一策、一村一法"，因村因户分类实施。通过实施整村推进、扶贫移民搬迁、产业扶贫、科技扶贫、技能培训等措施，集中力量予以扶贫。

精准实施管理。建立扶贫开发项目精准管理系统，对项目计划申报、下达、实施、监督、验收、后续管护等环节进行全程监测，全方位实施精准化管理。坚持瞄准贫困，定点清除，认真抓好扶贫项目实施和扶贫效益评估，确保在年度内稳定实现脱贫目标。

一 城固县建档立卡工作开展情况

扶贫对象精准识别工作开展情况。2015年11月至2016年4月，城固县按照省市安排部署，坚持把精准识别贫困对象作为脱贫攻坚的"第一战役"和基础性工作，先后组织开展了5轮复查复核，确保精准聚焦、靶向施策。一是严格把握"十退出、四纳入、两优先"原则，把符合标准的低保户、"五保户"、残疾人口整户纳入扶贫系统，确保符合标准的一户不漏、不符合标准的坚决退出。二是严格执行"七步四公示"（自愿申请，初选对象，入户调查，村组评议，公告公示，镇办审核，审批备案，县、镇、村、村民小组四级四次公示），做到全程公开，确保摸排全面、调查翔实、登记准确、定性合理。按照"三个走一遍"的核查要求，县级领导将包联镇走了一遍，镇办领导将包联村走了一遍，镇办干部将所有贫困户走了一遍。三是将识别出的贫困村、贫困户详细信息及时录入国家扶贫信息系统，建立了县、镇、村三级精准扶贫数据库和信息服务平台，实现了"户有牌、村有册、镇有簿、县有档"的四级管理体系。全县精准识别建档立卡贫困村101个，在册贫困户23936户63627人，其中一般贫困户17698户51339人、低保户3651户9383人、"五保户"2587户2905人，贫困发生率14.3%；核定易地扶贫搬迁对象7555户21721人。

扶贫对象动态调整工作。一是逐级认真开展业务培训。县上于2016年11月4日召开了扶贫对象动态调整专题工作会，会上县级主要领导和分管领导分别就此项工作专题做了详细的安排部署，教体局、民政局、残联和统计局对扶贫对象动态调整和建档立卡信息采集录入工作进行了培训。17个镇（办）258个有贫困人口的村（社区）于11月7日前全部召开了动员培训会。二是按部就班开展动态调整工作。县上及时印发了《城固县扶贫开发办公室关于做好2016年扶贫对象动态调整和建档立卡信息采集录入工作的通知》（城扶办发〔2016〕70号），文件要求全县各镇办依据《关于建立贫困退出机制的意见》的规定，严格按照村民小组提名、村"两委"组织民主评议、村"两委"和驻村工作队核实、村镇公示公告、农户认可填写《贫困人口调查登记表》、最终在扶贫开发信息系统中标注录入的程序进行。工作分5个阶段进行，第一阶段是11月15日前，完成2016年脱贫户，2014年、2015年两年已标注脱贫户中返贫对象和2016年新增贫困户的确定；第二阶段是11月16~25日，完成脱贫户、返贫户、新增贫困户、2016年系统中贫困户和贫困村发生变化信息数据的采集，填写信息采集登记表；第三阶段是11月26~30日，采集信息数据审核、修改，公示公告，完善申请、退出协议，签字确认，落实帮扶责任人；第四阶段是11月25日至12月15日，在系统中对脱贫户、返贫户、新增户和2016年系统中贫困户所有变更信息进行标注、修改和录入，添加帮扶单位、帮扶责任人、驻村工作队，录入户扶贫项目资金；第五阶段是12月16~20日，对所有录入的信息数据进行一次全面审核，删除重复项，补充空缺项，修改错误项，迎接第三方评估，为考核工作提供支撑。2016年，258个村（社区）已经确定2017年度脱贫、返贫和新增贫困人口对象名单，全县2016年脱贫7697户21823人、返贫274户521人、新增719户2013人，村两委及驻村工作队入户核查、农户认可、村镇公示公告、信息数据的采集和入户调查登记表的填写工作已全面完成，各镇办组织人员在国扶办系统中对脱贫户、返贫户、新增户和 2016 年系统中贫困户所有变更信息进行标注、修改和录入工作，12 月 15 日前所有镇办全面完成了扶贫信息录入工作。

二 城固县精准帮扶措施

按照精准扶贫和精准脱贫要求，精确识别贫困人口类型、致贫原因，分类施策、精准帮扶，统筹推进"六个全覆盖"，确保各类民生政策和帮扶措施覆盖所有贫困人口，不断提升扶贫开发工作成效。

第一，特殊群体兜底保障全覆盖。对无劳动能力的贫困老人、重度残疾人、大病患者、低保"五保户"等特殊贫困群体，通过实施救助或补助，保障其基本生活。

贫困老人。对年满 60 周岁的贫困老年人，全部按月发放基本养老金，并建立死亡人员丧葬费补助制度。对年满 70 周岁的高龄老人，按标准发放生活保健补贴，逐步提高补贴标准，实现"老有所养"（县人社局、县老龄办牵头，县财政局配合）。

重度残疾人。对残疾程度为一级、二级、三级的贫困残疾人，优先予以保障扶持，落实生活补贴、重度残疾人护理补贴，开展贫困残疾人托养服务、住院救助，提供法律援助，实现"残有所帮"（县残联牵头，县民政局、县司法局、县财政局、县卫计局配合）。

大病患者。将因病丧失劳动能力的贫困人口纳入基本医疗保障范围，由县财政代为缴纳新农合医疗参保费。设立疾病应急救助、特殊救助基金，并实行慢性病救助、大病医疗救助和临时救助，实现"病有所医"（县卫计局、县民政局牵头，县财政局配合）。

低保"五保户"。将符合低保条件的贫困人口，全部纳入农村最低生活保障范围，落实分档救助和分类施保政策。对"五保"对象采取集中和分散相结合的方式实施供养，发放供养金，实现"困有所济"（县民政局牵头，县财政局配合）。

兜底保障。对已享受各类惠民政策但仍低于省级贫困标准的无劳动能力特殊困难群众，经村、镇（街道办）、县三级评定并公示后，实行兜底保障。由各镇（街道办）摸清贫困人口享受相关政策情况，测算其收入与省级脱贫标准的差额，安排专项财政资金补足缺口，实现"缺有所补"（县财政局、县扶贫办牵头，县民政局、县人社局、县卫计局、县残联、县老龄办配合）。

第二，能力建设"挖穷根"全覆盖。对贫困家庭中义务教育阶段以外的在校中高职、高中、大学生和有就业意愿的劳动力，通过教育助学或技能培训等措施，提高贫困人口脱贫能力。

非义务教育扶持。对贫困家庭在校大学生，除享受大学发放的奖学金、助学金、助学贷款外，县内实施的"金秋助学"、"希望工程"、"红凤工程"、保障金助残、福彩公益金助学、计生贫困户大学生资助、贫困家庭大学生资助、贫困家庭大学生临时救助和生源地信用助学贷款重点向其倾斜，不断扩大资助覆盖面；对贫困家庭的中高职在校生，除享受教育部门助学金、免学费等政策外，每人一次性再给予 3000 元扶贫助学补助；对贫困户家庭的普通高中生，除正常享受国家助学政策外，实行免除学费，并每人每年补助 2000 元生活费，保证其顺利完成学业（县教体局、县扶贫办牵头，县民政局、县财政局、县人社局、县卫计局、县总工会、团县委、县残联、县妇联配合）。

贫困人口能力建设。对扶贫移民搬迁户劳动力和贫困两后生，大力实施"雨露计划"，每年有计划地安排扶贫移民搬迁户子女、贫困家庭劳动力参加创业就业培训，培养新型农民，增强贫困家庭自我发展能力（县人社局、扶贫办牵头，县财政局、县教体局、县移民办配合）。

职业技能培训。对有劳动能力且有就业（创业）意愿和满足培训要求的农村转移劳动者、毕业年内高校毕业生、城乡未继续升学的应届初高中毕业生、城镇登记失业人员，每人每年可以参加一次免费就业培训或创业培训。企业新录用以上四类人员，与企业签订 6 个月以上期限劳动合同，在劳动合同签订之日起 6 个月内，可参加企业岗前培训，提高技术本领，努力实现"培训一人、就业一人、脱贫一户"。鼓励贫困户子女免费到汉中职业技术学院等完成学业，并享受其他政策资助（县人社局牵头，县财政局、县教体局配合）。

第三，产业带动自主增收全覆盖。按照产业扶贫精准到村到户的要求，对具备劳动能力且有产业发展意愿的贫困户，采取"产业拉动、组织联动、企业带动"等方式辐射带动发展特色产业，多渠道增加贫困群众收入。

产业拉动。坚持因地制宜，围绕食用菌、茶叶、畜牧、柑橘、猕猴桃、干果、中药材、花卉苗木、水产养殖、旅游等特色产业布局，每村选定2~3个主导产业，每户确定1~2个增收项目，扶持贫困户通过发展产业实现稳定增收。利用整村推进和整合其他项目资金，每年打造两个精准脱贫示范村。中央、省到县的财政专项扶贫资金，应达到"两个70%"标准（70%以上财政专项扶贫资金要集中用于产业发展，其中直接用于支持扶贫对象参与产业发展的资金要达到70%），切实发挥扶贫专项资金的最大效益（县农业局、县林业局牵头，县财政局、县扶贫办、县水利局、县文旅局配合）。

组织联动。支持贫困村、贫困户建立专业合作社、产业协会、互助资金协会，确保每个贫困村至少有1个专业合作社或经济合作组织，通过农村土地流转、合作经营等方式带动贫困户抱团发展产业，促进增收（县农业局、县扶贫办牵头，县民政局配合）。

企业带动。引导贫困村、贫困户与现代农业园区、龙头企业、农民专业合作社、家庭农场和能人大户建立利益联结机制，鼓励各类市场主体吸纳安置贫困人口，支持贫困户将土地、山林及劳动力等生产资料和资金入股参股到扶贫经济实体中获得分红，努力实现贫困人口"土地出租挣租金、入园打工挣薪金、入股参股挣股金"（县农业局、县经贸局牵头，县林业局、县水利局、县扶贫办配合）。

第四，基础建设改善民生全覆盖。按照"六到农家"

要求，加快贫困村基础设施建设，不断加大投入，由各部门予以重点配套建设。大力实施移民搬迁，对贫困户的住房分批进行搬迁建设，不断改善贫困地区生产生活条件。

加快基础设施建设。抢抓秦巴山片区区域发展、扶贫攻坚规划实施和革命老区建设机遇，全力推进全县农村扶贫开发"十大工程"，各项目单位要整合各自的项目资金，优先用于贫困村建设，把农村建设项目资金优先捆绑投向未启动实施项目的贫困村，集中力量重点抓好水、电、路、通信和电视网络（包括广电部门"户户通"）等基础设施及社会公益设施配套建设，同时加大乡村旅游文化的打造步伐，努力实现贫困村"改穷貌"（县发改局、县财政局牵头，县教体局、县扶贫办、县交通运输局、县农业局、县水利局、县文广局、县卫计局、县文物旅游局、县电力局配合）。

加快扶贫移民搬迁步伐。每年安排的扶贫移民搬迁贫困户要占陕南移民搬迁总数的 40% 以上，在已搬迁的 4561 户 20883 人的基础上，到 2018 年底再搬迁贫困人口 6797 户 19262 人。对无劳动能力、无固定收入来源、无房住的"三无"贫困家庭按有关要求实行移民搬迁"兜底"安置，对地质灾害贫困户、洪涝灾害贫困户和特困户优先安置搬迁。整合民政、住建、扶贫、移民等部门的项目资金，大力实施农村土坯房改造迁建工作，到 2020 年底全面消除农村土坯房和农村危房，努力实现贫困群众"挪穷窝"（县移民办、县民政局牵头，县财政局、县国土资源局、县住建局、县扶贫办配合）。

第五，金融扶贫资金到户全覆盖。按照"政府注资担保、银行放大贷款、经济组织实施、农户申请贷款、财政贴息补助、农户增收脱贫"的金融扶贫模式，对全县有劳动能力的贫困户和小微企业落实金融扶贫贷款，为贫困群众发展产业提供资金支持。

设立扶贫担保基金。从2015年起，县财政筹资1000万元建立金融扶贫担保基金，承担扶贫小额贷款的担保责任，并根据脱贫任务要求，逐年增加财政扶贫担保基金的数额。为符合条件的贫困户和涉农小微企业发展生产提供贷款担保；制定扶贫担保基金管理办法、风险防控机制和金融机构退出机制，确定服务贫困群众最方便的信贷机构，按有关规定组织实施（县财政局、县扶贫办牵头，县人行及国有金融机构配合）。

实行扶贫担保贷款。创新金融扶贫方式，为贫困地区从事符合国家产（行）业政策的小微企业和贫困户，按照扶贫担保基金与贷款金额1：10的比例放大贷款额度。对符合条件的贫困户实行金融扶贫产业贷，提供5万元以下、2年以内免担保和免抵押小额贷款，扶持贫困户发展特色产业。对符合条件的小微企业、农民专业合作社实行金融扶贫创业贷，按照200万元以下贷款额度，期限为2~3年，按年利率50%贴息的标准发展贷款，扶持其规模化发展。具体担保贷款实施办法由承贷机构与财政局、扶贫办制定（县财政局、扶贫办牵头，县人行及国有金融机构配合）。

落实贷款贴息资金。县财政对贫困户贷款产生的利息，按照实际贷款年限和数额据实贴息；对小微企业贷款的利息，按有关规定执行（县财政局、县扶贫办牵头，承贷机构配合）。

第六，干部帮扶精准发力全覆盖。在全县各级机关、事业单位干部中开展"连心连亲结对帮扶贫困户"活动，实行"一对一"结对帮扶，贫困户不脱贫，帮扶不换，人员不撤，责任不卸，确保包扶贫困户稳定脱贫。

夯实驻村联户帮扶责任。全县所有在职财政供养人员结对帮扶现有贫困户，县级领导干部每人联系1个贫困村，包扶3户贫困户；科级干部每人包扶2户贫困户；包扶贫困村机关单位和镇上干部每人包扶1户贫困户；剩余的贫困户由村（社区）书记、主任和村"三委会"其他成员及组干部、党员包扶。特别是帮助现有贫困家庭大中专在校学生完成学业并指导就业。鼓励农村党员干部、致富带头人和返乡青年每人包扶1户当地贫困户，示范带动困难群众发展增收产业。县委组织部、县人社局负责县级机关、县直部门单位帮扶干部抽调工作，确保每个贫困村都有1个帮扶单位，每个贫困户都有1个帮扶责任人。同时，组织全县科级以上干部利用节假日、休息日回出生地、成长地"回娘家""走亲戚"，开展扶贫帮困活动（县扶贫办牵头，县委组织部、县人社局配合）。

持续推进千企千村扶助行动。加强企村结对帮扶工作，引导国有、民营企业为贫困村提供资金、技术、人才、信息等支持，不断提高帮扶实效。各镇（街道办）要加强与在外工作人员、在外创业成功人士及企业家的联系，争取他们回乡参与支持扶贫帮扶工作。支持有条件的企业设立扶贫公益基金，加大政府对扶贫开发做出突出贡献企业的公共服务购买力度，不断增强扶贫开发工作合力（县扶贫办牵头，县经贸局、县经合局、工商联配合）。

组织开展好扶贫日活动。每年 10 月 17 日为全国扶贫日，要以扶贫日活动为契机，加快社会扶贫信息交流平台建设，组织动员社会各方面力量广泛参与扶贫开发，大力弘扬社会主义核心价值观，凝聚全社会扶贫济困正能量（县扶贫办牵头，县委统战部、县总工会、团县委、县妇联、县工商联配合）。

第五节　城固县产业精准扶贫的优势

一　自然条件良好

城固县处于我国北亚热带和暖温带过渡地带（见图 4-2），地貌类型多样，气候类型多样，垂直变化显著，有亚热带—暖温带过渡性季风气候和暖温带大陆性季风气候（见图 4-3），年均降水量 800~1000 毫米（见图 4-4）。县内水系发达，径流资源丰富，全县有林地 158.58 万亩，森林覆盖率达 67.8%，是国家重要的生物多样性和水源涵养生态功能区。

近年来，城固县人均活林木储积量达 16.28 立方米，

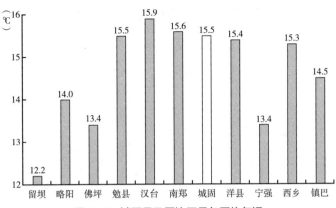

图 4-2　城固县及周边区县年平均气温

资料来源:《汉中统计年鉴 2015》。

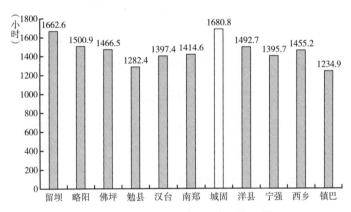

图 4-3　城固县及周边区县年平均日照

资料来源:《汉中统计年鉴 2015》。

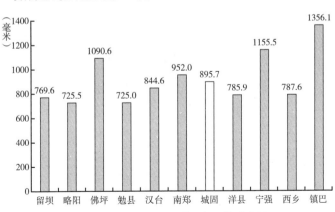

图 4-4　城固县及周边区县年平均降水量

资料来源:《汉中统计年鉴 2015》。

兼有我国南北植物群落，动物种类也较多，良好的生态环境和独特的自然风光弥足珍贵。该区域独特的小气候区适宜农业立体布局和多种经营发展，自然资源十分丰富。

二 区位及交通优势

城固县西距汉中市区 31 公里，东距西安 212 公里，108 国道和 316 国道、阳安铁路、西汉高速公路、十天高速公路、即将开工建设的西汉蓉高速铁路穿境而过，汉中城固机场建成通航，按照规划设计，高铁客专通车后，从城固到西安仅需 1 小时、到成都需 2.5 小时，现已形成半小时汉中、3 小时西安的通达格局。高铁建成后又将大大缩短城固至上述各地的车程，形成更为便捷的通达格局。

三 农业产业基础好

作为农业大县，该县近年来围绕粮油、柑橘、生猪、蔬菜、中药材、茶叶、大鲵、食用菌八大主导产业发展，以园区化建设为载体，积极探索农业产业化发展之路，带动"农"字头产业群聚集，促进了传统农业的转型升级和农民增收致富。由图 4-5 可以看出，城固县农林牧渔业总产量远远高于周边其他区县，高居汉中市第一。从图 4-6 和图 4-7 可以看出，城固县粮食产量和水果产量相对于周边区县较高，尤其是水果产量，占汉中市水果总产量的 62.28%。

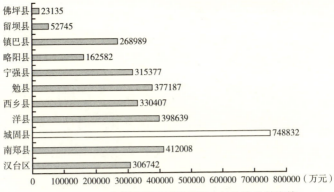

图4-5　2015年城固县及周边区县农林牧渔业总产值

资料来源:《汉中统计年鉴2015》。

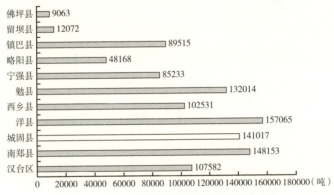

图4-6　2015年城固县及周边区县粮食产量

资料来源:《汉中统计年鉴2015》。

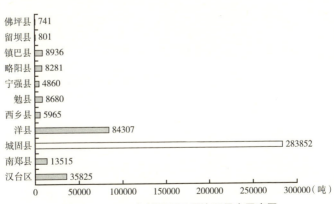

图4-7　2015年城固县及周边区县水果产量

资料来源:《汉中统计年鉴2015》。

第六节 本章小结

从多维贫困角度来看，秦巴地区贫困面临的主要问题是就业不足、教育及住房问题。而这里的就业不足，实际上是该区域农户劳动力工作时间较短，没有充分就业造成的相对贫困。这一部分就业不足导致的贫困，可以通过产业扶贫的方式加以解决。贫困人口通过产业扶贫有了更多的工作机会，就会在这个维度上摆脱贫困。而多维贫困的分解结果反映了陕南地区相对陕北地区、巴山地区多维贫困程度较轻，这也说明陕南地区农户的贫困维度相对较少，因此对于贫困人口的瞄准可能会更准确，从而能够使产业精准扶贫取得相对较好的效果。

城固县是汉中市的副中心，其经济发展水平与周边县相比相对较高。从城固县扶贫开发的历程来看，主要分为温饱工程（1991~1993年）、扶贫攻坚（1994~2014年）、精准扶贫（2015年以后）三个阶段。多年来城固县农村扶贫开发工作虽然取得了显著成效，但制约发展的深层次矛盾依然存在，贫困问题仍然是全县经济社会发展的瓶颈，是全面建成小康社会最大的"短板"。

产业精准扶贫是城固县精准扶贫阶段的重要内容之一，通过产业精准扶贫提升农户自身发展能力，确保脱贫户实现可持续增收，从根本上解决贫困问题，是城固县产业精准扶贫的主要目标。城固县拥有自然条件良好、区位好、交通发达、农业产业基础好等产业发展的优势，能够为产业精准扶贫提供良好的基础和外部环境。尤其是农业产业将是精准扶贫阶段贫困户重点参与的重点扶贫产业。

第五章

精准扶贫、产业发展政策及制度安排

精准扶贫阶段，城固县扶贫政策更加完善，靶向性也更加明显。在研究该区域产业精准扶贫的具体问题时，需要对精准扶贫时期扶贫政策的实施和相关制度安排进行梳理和分析。基于此，本章根据实地调研获取的资料，从精准扶贫的视角出发，对城固县进入精准扶贫阶段以来的各项扶贫政策进行梳理和总结，分析当前产业发展的历史机遇和产业精准扶贫的初步成效，探讨该区域农业产业发展与精准扶贫的关系。

第一节 城固县精准扶贫相关政策

一 产业扶贫政策

精准扶贫背景下，城固县的产业扶贫是新时期脱贫攻坚的主战场，是解决区域整体性贫困的关键。近年来，国家、省、市县等层面在产业扶贫方面出台了各项政策文件，详见表5-1。

表5-1 城固县产业精准扶贫的相关政策文件

时间	级别	文件名
2016年10月	国家级	脱贫攻坚责任制实施办法
2016年5月	国家级	关于建立贫困退出机制的意见
2016年2月	国家级	省级党委和政府扶贫开发工作成效考核办法
2016年2月	国家级	关于加大脱贫攻坚力度支持革命老区开发建设的指导意见
2013年12月	国家级	关于创新机制扎实推进农村扶贫开发工作的意见
2011年1月	国家级	秦巴山片区区域发展与扶贫攻坚规划（2011—2020年）
2012年1月	省级	陕西省农村扶贫开发条例
2016年10月	省级	陕西省贫困退出实施意见
2016年5月	省级	陕西省贫困残疾人脱贫攻坚实施方案
2016年6月	省级	关于推进残疾人脱贫攻坚示范县工作的指导意见
2016年4月	省级	关于推进"社会力量参与精准扶贫"行动的实施意见
2016年4月	省级	关于加强"十三五"期间扶贫宣传工作的意见
2016年4月	省级	陕西省科技扶贫脱贫攻坚专项行动实施方案
2016年5月	省级	陕西省省属企业产业扶贫实施方案
2016年4月	省级	陕西省国土资源厅支持脱贫攻坚政策意见
2016年4月	省级	陕西省健康扶贫实施方案

时间	级别	文件名
2016 年 4 月	省级	陕西省"十三五"易地扶贫搬迁工作实施方案
2016 年 5 月	省级	陕西省电商扶贫政策措施
2016 年 4 月	省级	陕西省水利扶贫行动政策措施
2016 年 4 月	省级	陕西省教育扶贫实施方案
2016 年 4 月	省级	陕西省环境保护脱贫实施方案
2016 年 3 月	省级	关于推进"万企帮万村"精准扶贫行动的实施意见
2016 年 4 月	省级	关于开展光伏扶贫工作的实施意见
2016 年 4 月	省级	陕西省"广电扶贫宽带乡村"政策措施
2016 年 4 月	省级	印发陕西省农业产业扶贫政策措施的通知
2016 年 4 月	省级	陕西省林业精准脱贫实施方案
2015 年 6 月	省级	陕西省干部驻村联户扶贫工作考核办法（试行）
2015 年 7 月	省级	陕西省扶贫开发领导小组关于建立贫困县约束机制的实施意见
2017 年 2 月	市级	关于印发汉中市移民（脱贫）搬迁建房到人补助办法等五个办法的通知
2013 年 10 月	市级	汉中市千企千村扶助行动实施方案（2013—2015 年）
2011 年 4 月	县级	城固县打赢脱贫攻坚战实施方案
2016 年 3 月	县级	城固县脱贫攻坚产业发展规划（2016 年—2018 年）

贫困户生产发展项目是产业精准扶贫中贫困户受益最大的政策，贫困户发展项目的扶持是指直接扶持建档立卡贫困户围绕区域主导产业项目和优势特色产业，发展生产，提高收入水平的项目。

（1）项目资金来源及用途：从省切块到县财政扶贫资金和贫困户自筹资金，主要用于发展种养殖业、农副产品加工业以及其他增收产业设施建设。

（2）财政扶贫资金补助标准：发展传统养殖业每户最高补助不超过 5000 元，发展现代设施农业和小型农副产品加工业每户最高补助不超过 1 万元。

（3）项目资金补助程序：村镇两级组织根据贫困村产业发展规划、年度项目计划和贫困户产业发展规模，以种苗、种畜、种禽和原材料、加工设备统一采购供应发放到户的方式补助，资金使用采用县级财政报账制。

二 农业扶贫政策

1. 农业支持保护补贴

（1）2016年补贴标准：58元/亩。

（2）2016年落实补贴资金2306.8181万元。

（3）实施年限：长期。

2. 农机具购置补贴

（1）补贴标准：参照陕西省农机购置补贴机具补贴额度表。

（2）2016年落实补贴资金590万元，2017年已下达补贴资金500万元。

（3）实施年限：长期。

三 林业扶贫政策

（一）新一轮退耕还林政策

国家每亩补助1500元，其中，种苗补助300元/亩、现金补助1200元/亩（分三次兑付：第一年500元/亩，第三年300元/亩，第五年400元/亩）。

对象范围：新一轮退耕还林是国家实施的重要生态建设工程，从 2014 年开始到 2020 年结束。此次退耕范围在 25°以上非基本农田坡耕地、重要水源地 15°~25°坡耕地。

办理流程：个户申请—政策认定—公示—落实规划—工程实施—检查验收—财政下拨补助资金。

所需材料：土地承包合同、个人身份有效证件。

（二）造林补贴政策

政策名称：中央财政造林补贴试点项目。

政策内容：乔木林和木本油料林每亩补助 200 元，灌木林每亩补助 120 元（内蒙古、宁夏、甘肃、新疆、青海、陕西、山西等省区灌木林每亩补助 200 元），水果、木本药材等其他林木每亩补助 100 元，新造竹林每亩补助 100 元，迹地人工更新每亩补助 100 元。

对象范围：有下列情形之一的造林面积，不予核实。（1）与其他中央基本建设造林投资重复；（2）造林主体不属于林农、林业合作经济组织以及承包经营国有林的林业职工等国家规定的造林主体；（3）造林前地类不属于宜林荒山荒地、沙荒地以及迹地等国家规定的造林前地类；（4）造林小班面积小于 1 亩；（5）藤本和草本植物栽植面积、四旁（零星）植树、单行林带，以及通过萌芽更新、林冠下造林、有林地补植、低产林改造、竹林垦抚、以封代造等方式营造的面积。

办理流程：造林户申请—政策认定—编制方案—批复

建设—检查验收—财政下拨补助资金。

所需材料：土地承包合同、个人身份有效证件。

（三）林下经济和特色林业产业扶持政策

政策名称：林下经济和特色林业产业扶持资金项目。

政策内容：新建核桃园补助 100 元 / 亩，改造核桃低产园补助 50 元 / 亩；油用牡丹补助 400 元 / 亩，良种繁育基地补助 500 元 / 亩，其他种植项目基地补助 100~300 元 / 亩；鸡、鸭、鹅、雁每新增 1 羽补 0.5 元，圈舍建设补助 20 元 / 平方米；梅花鹿、林麝每新增 1 头按 300 元补助，种猪每新增 1 头按 100 元补助，圈舍建设补助 30 元 / 平方米；利用森林景观新发展农家乐每户补助 1000 元。

对象范围：实施林下种养殖业的大户、林业专业合作组织、林业龙头企业。

办理流程：申请—编制实施方案—政策认定—公示—工程实施—检查验收—财政下拨补助资金。

所需材料：土地承包合同，企业、法人相关资质证明。

（四）生态效益补偿

政策名称：森林生态效益补偿。

政策内容：对纳入国家级、省级公益林区划范围内的森林、林木、林地权利人进行生态效益补偿。

补偿标准：国家级集体公益林补偿标准 15 元 / 亩，省级集体公益林补偿标准 5 元 / 亩。

工作流程：公益林区划—调查落界—面积公示—签订

管护合同—管护质量验收—兑现公示—资金兑现。

所需材料：公益林区划范围涉及的受益农户需提交林权证、身份证、惠农"一卡通"供查验确认。

（五）生态护林员

政策名称：建档立卡贫困人口生态护林员选聘。

政策内容：利用生态补偿和生态保护工程资金使当地有劳动能力的部分贫困人口转为护林员等生态保护人员。

对象范围：建档立卡贫困人口。

补偿标准：6000 元 / 年。

工作流程：公告—申报—审核—考查—评定—公示—聘用。

所需材料：身份证、申报登记表。

四 易地扶贫搬迁政策

扶贫搬迁：建档立卡贫困户中需易地搬迁的农村人口。

对象审批：扶贫搬迁对象由各镇办、村组精准识别核定，县扶贫办统计汇总建档立卡，提供精准到户名册。

安置方式：（1）集中安置。进城入镇安置（存量现房安置或建设集中安置区）；依托中心村庄和已建集中安置点续建安置；新建农村新型社区；跨区域集中安置（跨镇、跨县）。省市要求城固集中安置率不低于85%。（2）分散安置。可采取插花安置、梯次搬迁、投亲靠友等方式，在有一定集聚规模、基础及公共服务设施条件好、有增收致富条件的地方进行分散安置。杜绝在不具备条件的地方单庄独户原址重建，对单家独户原址重建、修补、改造的不能认定为搬迁安置，不享受搬迁补助。（3）"交钥匙"工程。对建档立卡中的特困户，通过"交钥匙"工程实施住房兜底保障，由政府免费提供一定面积产权到户的住房。搬迁对象中的鳏寡孤独、残疾人等特困单人户和2人户，符合集中供养条件的，县政府按人均20平方米的标准，负责建房，纳入迁入地敬老院、养老机构等由民政部门等实行集中供养；有一定劳动能力的特困群众，实行"交钥匙"工程，提供最大面积不超过60平方米的免费住房。

安置房面积：扶贫搬迁户，住房面积人均不超过25平方米，以60、80、100平方米为主导户型，最大不超过120平方米。对于搬迁对象中符合集中供养条件的，纳入迁入地敬老院、养老机构等由民政部门实行集中供养；对不符合集中供养的特困群众，由县级政府按照人均不超过20平方米的标准建房，实行"交钥匙"工程。

移民搬迁补助办法和标准：集中安置搬迁对象，建房人均补助2.5万元、旧宅基地腾退人均奖励性补助1万元、基础和公共服务设施配套人均补助2万元；分散安置搬迁对象，建房人均补助1.5万元、旧宅基地腾退人均奖励性补助1万元。

建房补助资金按人计算，兑现到户。旧宅基地腾退奖补资金由县政府根据旧宅基地面积、旧房结构及面积等因素，制定具体补助办法，待搬迁户腾退完成后，兑付到户。基础和公共服务设施补助按人计算补助资金规模，由县政府根据集中安置社区基础和公共服务设施现有条件及实际需求，按照"小型保基本、中型保功能、大型全覆盖"的原则，集约节约、统筹安排使用。

五　教育扶贫政策

1. 精准资助的范围及对象

（1）在根据国家有关规定批准设立的公（民）办幼儿园就读，具有正式学籍的建档立卡贫困户的幼儿。

（2）在根据国家有关规定批准设立的实施义务教育的全日制学校就读，具有正式学籍的建档立卡贫困户寄宿生。

（3）在根据国家有关规定批准设立的实施普通高中学历教育的全日制学校就读，具有正式学籍的建档立卡贫困户、残疾、低保、特困救助供养高中学生。

（4）在根据国家有关规定批准设立的实施中等职业教育的全日制学校就读，具有正式学籍的建档立卡贫困户中职学生。

（5）在根据国家有关规定批准设立的实施高等教育的全日制学校就读，具有正式学籍的建档立卡贫困户大学生。

建档立卡贫困户是指扶贫部门认定的，进入"全国扶贫开发信息系统"的农村贫困家庭。

2. 精准资助的项目及标准

（1）学前教育阶段：陕西省从 2011 年秋季起对学前一年幼儿全部免除保教费（简称"一免"），标准为省级示范园每生每年 2300 元，一类园每生每年 1700 元，二类园每生每年 1500 元；对学前一年建档立卡贫困户幼儿优先发放教育助学金（简称"一补"），标准为每生每天 3 元，一年按 250 天计算，全年 750 元。所需资金由省和市县财政按 5∶5 分担。

（2）义务教育阶段：国家从 2001 年开始对义务教育阶段学生全部免教科书费、免杂费（简称"两免"）；对建档立卡贫困户寄宿生优先补助生活费（简称"一补"），标准为小学生每生每天 4 元，全年 1000 元，初中生每生每天 5 元，全年按 250 天计算，全年 1250 元。所需资金由中央和市县财政按 5∶5 分担。

（3）普通高中阶段：国家从 2015 年秋季起对建档立卡贫困家庭高中生率先免除学费，陕西省从 2016 年秋季起对普通高中学生全部免除学费，其标准为省级标准化高中每生每年 1600 元，市级标准化高中每生每年 700 元，农村高中每生每年 400 元；国家对建档立卡贫困家庭、残疾、低保、特困救助供养高中学生优先发放国家助学金，其标准为每生每年 2500 元。所需资金分担比例为：中央 80%、省 10%、市县 10%。

（4）中职教育阶段：①免学费：国家财政按一、二、三年级每生每年 1600 元标准免除学费，公办学校收费标准高出部分由同级财政负担，民办学校收费标准高出部分可按规定向学生收取。②助学金为一、二年级每生每年 2000 元，所需资金分担比例为：中央 80%、省 16%、市县 4%。③生活补助补贴为每生每月 30 元，全年按 10 个月计算，每年300元。④国家从2015年秋季起对建档立卡贫困户中、高职学生发放专项扶贫补助，其标准为上学期间一次性补助3000元。

（5）高等教育阶段：①国家对家庭经济困难大学生实行生源地信用助学贷款政策，贷款额度为每生每年贷款金额最高不超过8000元，上学期间财政贴息，贷款期限最长不超过20年。对于建档立卡的学生，不再进行贷款资格认定，优先予以办理。②陕西省对建档立卡贫困家庭大学生发放国家助学金，其标准为每生每年6000元。③国家对家庭经济特别困难的大学新生实行入学资助项目，标准为省内每生500元，省外每生1000元。④陕西省从2016年开始对建档立卡贫困户大学新生实行"泛海助学行动"项目，其标准为每生5000元。此外，国家还有免费师范生教育、退役士兵教育资助、服兵役、基层就业学费补偿代偿等资助政策。

六 健康扶贫政策

（一）门诊报销方面

普通群众在镇村医疗机构门诊单次最高报销限额每人每次镇卫生院40元和村卫生室30元以下实报实销（家庭门诊账户总额为：家庭人口数×80元）；贫困人口提高门诊标准（100元／人），门诊报销不再每次设立40元和30元的报销限额，可依据单次处方金额，在个户封顶线（家庭门诊账户总额为：家庭人口数×100元）内全部给予报销。

（二）住院报销方面

一级医疗机构住院报销起付线为200元，报销比例为90%；贫困人口在镇卫生院就医不设起付线，其住院合规医疗费用全额报销。在民营医疗机构住院报销比例增加5%，提高到95%。

贫困人员在二级以上医疗机构住院，起付线不变，报销比例在原基础上增加5%给予报销。

（1）城固县医院住院，起付线800元，报销比例由原75%提高到80%。

（2）城固县中医医院、城固县第二人民医院、陕飞职工医院、城固县妇幼保健院起付线700元，报销比例由原80%提高到85%。

（3）三级医院汉中市中心医院、三二零一医院、汉中市人民医院起付线2000元，报销比例由原55%提高到60%。

（4）市外省内三级医院起付线3000元，报销比例由原55%提高到60%。二级医院起付线2000元，报销比例由原65%提高到70%（0~14岁儿童、五官科按同级起付线的70%执行，精神类疾病在三级综合或专科医院执行2000元起付线，结核病在三级医院报销比例由原70%提高到75%）。

（5）省外一级医院起付线500元，报销比例由原80%提高到85%；二级医院起付线1500元，报销比例由原

60% 提高到 65%；三级医院起付线 5000 元，报销比例由原 40% 提高到 45%。

（三）特殊慢性病报销方面

一类特殊慢性病：贫困人口在原报销基础上增加 1000元。（1）恶性肿瘤，由原来每年报销 2000 元提高到 3000元；（2）白血病，由原来每年报销 2000 元提高到 3000元；（3）各类器官移植，由原来每年报销 5000 元提高到6000 元。

二类特殊慢性病：贫困人口在原报销基础上增加 200元。（1）慢阻肺，由原来每年报销 800 元提高到 1000 元；（2）心脑血管疾病康复期，由原来每年报销 800 元提高到1000 元；（3）糖尿病伴并发症，由原来每年报销 800 元提高到 1000 元；（4）精神病，由原来每年报销 800 元提高到 1000 元；（5）慢性乙型肝炎，由原来每年报销 800 元提高到 1000 元；（6）类风湿性关节炎，由原来每年报销 800元提高到 1000 元；（7）腰椎间盘突出症，由原来每年报销800 元提高到 1000 元。

（四）贫困残疾人报销方面

扩大残疾人基本医疗保险报销范围，在已开展的 9 种疗法（运动疗法、偏瘫肢体综合训练、脑瘫肢体综合训练、截瘫肢体综合训练、作业疗法、认知知觉功能障碍训练、言语训练、吞咽功能障碍训练、日常生活能力评定）的基础上增加其他 20 种康复项目（康复综合评定、吞咽功能障碍检查、手功能评定、平衡实验、平衡训练、表面肌电图检查、轮椅技能训练、耐力训练、大关节送动训练、徒手手功能训练、截肢肢体综合训练、小儿行为听力测试、孤独症诊断访谈量表测评、日常生活动作训练、职业功能训练、儿童听力障碍语言训练、语言能力筛查、精神障碍作业疗法训练、减重支持系统训练、电动起立床训练），按现行合疗政策报销。

（五）贫困人口终末期肾透析报销

贫困人口需要进行门诊肾透析时，可在原门诊报销年度 5 万元的基础上增加 1 万元，按每人每年 6 万元计算。

（六）城乡居民大病保险报销

贫困人口大病保险起付线按 3000 元，不设报销封顶线。大病保险报销实行分段报销，报销比例在原基础上统一提高 5%（3 万元以下报销比例由 60% 提高到 65%，3 万~8 万元报销比例由 70% 提高到 75%，8 万元以上报销比例由 80% 提高到 85%）。为全县建档立卡贫困人口购买重大疾病补充商业保险，建档立卡贫困人口基本医保和大病保险、民政医疗救助报销后的剩余合规费用全额报销。对患有儿童急性淋巴细胞白血病、儿童急性早幼粒细胞白血病、儿童先天性心脏房间隔缺损、儿童先天性心脏室间隔缺损、儿童先天性动脉导管未闭、儿童先天性肺动脉瓣狭窄、食管癌、胃癌、结肠癌、直肠癌、终末期肾病 11 种疾病的建档立卡贫困人员，大病保险报销比例再提高 5%。

（七）转诊方面

贫困人口首次住院需按照分级诊疗要求和规范执行，后续治疗和康复治疗只需要在县合疗经办中心备案即可，报销时可享受提高 5% 的优惠政策。

（八）专项救治方面

贫困人口患儿童急性淋巴细胞白血病、儿童急性早幼粒细胞白血病、儿童先天性心脏房间隔缺损、儿童先天性心脏室间隔缺损、儿童先天性动脉导管未闭、儿童先天性肺动脉瓣狭窄、食管癌、胃癌、结肠癌、直肠癌、终末期肾病 11 种大病时，实行单病种定额管理。

（九）分级诊疗

县内各级定点医疗机构取消农村参合贫困人口新农合住院押金，患者入院时在新农合管理经办系统中登记备案即可，出院时按照有关报销政策开展结算业务。

七 危房改造政策

政策名称：危房改造补助。

政策内容：中省两级专项资金对精准扶贫户当年危房改造按每户 10000 元的标准给予补助。

对象范围：精准扶贫系统中当年的危房改造户。

办理流程：危房改造农户申请—村审核—镇（办）上

报—住建局批准—住建局、财政局验收—县财政局拨付。

所需材料：危房改造农户纸质档案、台账。

八　社会保障政策

社会救助体系主要包括：城乡低保救助、农村"五保户"救助、灾害救助、医疗救助、临时救助、流浪乞讨人员救助以及教育、住房、法律救助等。

（一）城乡最低生活保障申请审核审批程序

1. 申请范围和条件

（1）城市低保：持有本县城镇户口的居民，或户口在本县行政区域内且住满两年以上、不拥有承包土地、不参加农村集体经济收益分配的居民，共同生活的家庭成员月人均收入低于本县居民最低生活保障标准，且家庭财产状况符合规定条件。

（2）农村低保：拥有本县农业户籍并长期居住、家庭年均纯收入低于本县农村最低生活保障标准的，主要是因病残、年老体弱、丧失劳动能力以及生存条件恶劣等原因造成生活常年困难的农村居民家庭。

2. 申请审核和审批程序

户主（以家庭为单位）申请—镇人民政府（街道办事处）受理审—民政局审批。

3. 分类施保

对最低生活保障家庭中的特困人员采取分类施保的措

施给予重点救助，切实提高特困人员的救助水平。

（1）实施时间：2014年1月1日。（2）"分类施保"适用对象及补助标准：对城市低保对象中的"三无"人员，按低保标准的70%增发保障金；对低保家庭中的70周岁以上老年人，每人每月按低保标准的20%增发保障金；对低保家庭中的儿童，每人每月按低保标准的30%增发保障金；对低保家庭中的重度残疾人，盲人、严重低视力及智力残疾、精神残疾、一级肢体残疾者，每人每月按低保标准的50%增发保障金；对言语、听力、肢体残疾三级以上的残疾人，每人每月按低保标准的30%增发保障金；对低保家庭中的重病患者，每人每月按低保标准的50%增发保障金；对低保家庭中的单亲未成年人，如父母离异，每人每月按低保标准的30%增发保障金，如父母一方去世，每人每月按低保标准的50%增发保障金；对低保家庭中的哺乳期妇女，在哺乳期内，每人每月按低保标准的70%增发保障金；对低保家庭中的非义务教育阶段学生（不含学前教育），每人每月按低保标准的60%增发保障金；对上述低保对象同时符合上述多项条件的，按其中最高一项补助，不得同时享受。（3）汉中市分类施保补助标准。汉中市目前城市低保标准为460元/人·月，农村低保标准为3015元/人·年。例如：分类施保政策中"对低保家庭中的70周岁以上老年人，每人每月按低保标准的20%增发保障金"，即汉中市此类城市低保对象每人每月增发92元（460×20%），农村低保对象每人每月增发50元（3015/12×20%）。

（二）农村"五保"供养申请审核审批程序

1.申请范围和条件

老年、残疾或者未满16周岁的村民，无劳动能力、无生活来源又无法定赡养、抚养、抚养义务人，或者其法定赡养、抚养、抚养义务人无赡养、抚养、抚养能力。

2.申请审核和审批程序

本人申请（经村组或社区评议）—镇人民政府（街道办事处）审核—县民政部门审批。

（三）城乡医疗救助申请审核审批程序

1.申请范围和条件

城乡贫困人群因病无经济能力进行治疗或因支付医疗费用数额庞大而陷入困境的，具体包括：（1）农村"五保"对象；（2）城乡低保对象；（3）低收入救助对象（家庭人均收入低于当地 1.5 倍的最低生活保障标准，且家庭财产符合当地最低生活保障家庭认定条件的家庭中老年人、未成年人、重度残疾人和重病患者）；（4）特定救助对象、重点优抚对象（不含 1~6 及残疾军人、7~10 级旧伤复发残疾军人、见义勇为中无加害人或责任人以及加害人或责任人逃逸或者无力承担医疗费用的负伤人员）；（5）因病致贫救助对象（发生高额医疗费用，家庭年收入扣除政策范围内个人自付医疗费用后，人均不超过当地最低生活保障标准，且家庭财产符合当地最低生活保障家庭认定条件的家庭中重病患者）等其他城乡特殊困难群众。

2. 申请审核和审批程序

户主申请—镇人民政府（街道办事处）审核—县民政部门审批。

实行资助参合参保全额或定额救助、门诊（日常）限额救助、住院（大病）按比例与封顶线相结合救助。

（四）城乡居民临时救助申请审核审批程序

1. 申请范围和条件

家庭对象。因火灾、交通事故、溺水造成人身损害或死亡等意外事件，造成家庭财产重大损失或者主要经济来源中断，导致基本生活暂时出现严重困难的家庭；因基本生活必需品价格上涨、家庭成员身患疾病维持基本治疗、接受非义务阶段教育等原因，导致生活必需支出费用超出家庭承受能力，基本生活暂时出现严重困难的低保、低收入家庭；县级以上政府规定的因其他困难，导致基本生活陷入困境的家庭。

个人对象。因生活必需支出突然增加，导致暂时出现严重困难的特困供养人员（农村"五保"对象、城镇"三无"人员、孤儿）；因遭遇火灾、交通事故、突发重大疾病、暴力侵害或其他特殊困难，暂时无法得到家庭支持（与家庭成员失去联系），基本生活陷入困境的个人。其中，符合生活无着的流浪、乞讨人员救助条件的，由县人民政府按有关规定提供临时食宿、急病救助、协助返回等救助。

2. 申请审核和审批程序

个人申请（经社区或村组评议）—镇人民政府（街道

办事处）审核—县民政部门审批。

对于情况紧急、需立即采取措施以防止造成无法挽回的损失或无法改变的严重后果的，镇（街办）、县民政部门应先行救助，并在救助后10个工作日内补办申请审批手续，救助情况在救助对象的户籍所在地（或居住地）的镇（街办）和村（居）民委员会进行为期1年的公示。

（五）残疾人两项补贴申请审核程序

1. 申请范围和条件

困难残疾人生活补贴对象为具有本地户籍、持有第二代中华人民共和国残疾人证（以下简称残疾人证），最低生活保障家庭中的残疾人以及非最低生活保障家庭中残疾等级为一级、二级、三级的低收入残疾人和其他困难残疾人。

重度残疾人护理补贴对象为具有本地户籍、持有残疾人证，残疾等级被评定为一级、二级且需要经常照护的视力、肢体、精神、智力、多重残疾人。

2. 申请审核和审批程序

（1）申请。通过村民委员会（社区）向户籍所在地的镇人民政府（街道办事处）提出申请。（2）初审。村民委员会（社区）报镇人民政府（街道办事处）审核。（3）审核。镇人民政府（街道办事处）报县残联和民政部审批。（4）审定。县残联、民政局审批后报财政部门拨付资金。

第二节　城固县产业扶贫发展的历史机遇

　　加快城固县产业发展脱贫攻坚力度，有利于发展特色产业，调整产业结构，带动贫困人口全面脱贫致富；有利于保障和改善民生，推进贫困人口整体脱贫致富，缩小发展差距，促进社会和谐；有利于水源涵养、水土保持、生态多样性保护，构筑汉江流域生态安全屏障；有利于加快实施交通、水利、能源等建设步伐，改善基础设施条件，促进县域经济又好又快发展。尽管城固县精准脱贫产业发展尽管存在不少困难，但也面临一些难得的发展机遇。

　　一是扶贫攻坚带来的发展机遇。依据中共中央、国务院《秦巴山片区扶贫攻坚规划（2011—2020）》《关于打赢脱贫攻坚战的决定》精神，党的十八届五中全会从实现全面建成小康社会奋斗目标出发，明确到2020年农村贫困人口全面脱贫，贫困县全部摘帽，彻底解决区域性整体贫困。按照脱贫攻坚工作会议精神，陕西省政府出台《陕西省农业产业扶贫政策措施》，为城固县产业脱贫发展带来前所未有的政策机遇。

　　二是革命老区开发带来的发展机遇。城固县属川陕革命根据地的重要组成部分。根据中共中央办公厅、国务院办公厅《关于加大脱贫攻坚力度支持革命老区开发建设的指导意见》，国家将进一步加大对革命老区的扶持力度，实施精准扶贫、精准脱贫，着力破解区域发展瓶颈制约，解决民生领域突出困难和问题，增强自我发展能力，提升对内对外开放水平，推动老区全面建成小康社会，让老区人民共享改革发展成果。这一重大政策，为城固县争取国家产业政策，加快区域发展带来巨大机遇。

三是区位优势带来的发展机遇。汉中城固机场正式通航，西成客专、阳安铁路扩能改造、108国道城固过境段改线工程加快建设，城固与汉中中心城区将实现一体化发展。作为汉中市副中心城市和陕西省主体功能区规划定位的重点发展区，城固县纵深发展空间大，区位优势更加凸显，为脱贫致富产业的快速发展带来高效便捷的交通和市场环境。

四是自身产业优势带来的发展机遇。城固县三次产业基础坚实，发展前景广阔。粮油、柑橘、生猪、中药材、蔬菜、水产养殖、区域特色等产业发展基础良好，化工、轻纺、建材、食品、医药、装备制造等产业发展较快，前景广阔。"一主两翼"产业结构日趋完善，汉中航空智慧新城建设带动高端装备制造、新材料产业和现代服务业快速发展；旅游开发及基础设施深入推进，以农业观光为主的桔园景区、以文化体验为主的张骞墓、以休闲度假为主的南沙湖风景区等旅游产品日益成熟，为推进精准脱贫提供了坚实的产业保障。

五是供给侧改革带来的发展机遇。随着国家供给侧结构性改革的深入推进，围绕"三去一降一补"主要任务，三次产业的供需结构将发生根本性的转变，有利于城固县承接发达地区产业梯次转移、大企业扩大生产规模的转移；有利于县域产业优化升级，提质增效；有利于城固县经济加大投资、扩大总量、提升质量、补齐短板，后发赶超。随着全面深化改革工作的推进，农村将加快实施农业经营体系建设、农村集体产权制度改革、农村土地制度改革、农村金融制度改革等内容，将进一步激发城固县贫困村农业经济发展活力，加快贫困人口脱贫致富。

第三节　产业精准扶贫的初步成效

在精准扶贫过程中，城固县认真落实《城固县脱贫攻坚产业发展规划》，按照"政府主导推动、龙头企业拉动、合作组织互动、产业大户联动、名优品牌带动"思路，以"一镇一业、一村一品、一户一策"为载体，全方位推广"6+1"扶贫模式，引导贫困户大力发展中药材、林果、养殖业，确保每户人均增收1000元以上。统筹落实易地扶贫搬迁、教育医疗、生态补偿、兜底保障等措施，力促贫困群众持续增收、稳定脱贫。

根据习近平总书记在延安主持召开的陕甘宁革命老区脱贫致富座谈会上的重要讲话精神和省、市相关会议精神，汉中市出台了《关于深入贯彻习近平总书记重要讲话精神扎实做好扶贫开发工作的实施意见》（以下简称《实施意见》），核心是在深入贯彻"一村一策、一户一法"要求的基础上，采取"兜弱势、保两头、扶中间、夯责任"

的精准帮扶措施，确保贫困人口精准脱贫。

《实施意见》为全市扶贫开发工作列出了时间表：到2015年，全市贫困人口减少到51万人以内；到2016年，佛坪县率先完成脱贫任务；到2017年，汉台区、留坝县完成脱贫任务；到2018年，全市贫困人口稳定脱贫，实现"两不愁、四保障"；到2020年，基本公共服务主要指标接近全国平均水平，与全国全省人民同步进入全面小康社会。

在具体实施过程中，汉中市对贫困人口实行六个"全覆盖"：一是对无劳动能力的贫困老人、重度残疾人、大病患者、低保"五保户"等特殊贫困群体通过实施救助或补助，保障其基本生活，实行兜底保障全覆盖；二是对贫困家庭中义务教育阶段以外的在校中高职、高中、大学生和有就业意愿的劳动者，通过教育助学或技能培训，提高其脱贫能力，实行能力建设"挖穷根"全覆盖；三是按照产业扶贫精准到户的要求，对具备劳动能力且有产业发展意愿的贫困户，采取产业拉动、组织联动、企业带动等方式辐射带动发展特色产业，多渠道增加收入，实行产业带动自主增收全覆盖；四是按照"六到农家"要求加快贫困村基础设施建设，不断加大投入，由行业部门予以重点配套建设，大力实施移民搬迁，对贫困户的住房分批进行搬迁建设和兜底安置，不断改善贫困地区生产生活条件，实现贫困村、贫困户基础建设改善民生全覆盖；五是对有劳动能力的贫困户和小微企业落实金融扶贫资金到户全覆盖，按照"政府注资担保、银行放大贷款、经济组织实施、农户申请贷款、财政贴息补助、农户增收脱贫"的金融扶贫模式，为贫困群众提供资金支持；六是在全市各级机关、事业单位中实行干部帮扶精准发力全覆盖，开展"连心连亲结对帮扶贫困户"活动，实行"一对一"结对帮扶，贫困户不脱贫，帮扶不换、人员不撤、责任不卸。

城固县 2016 年产业脱贫 6705 户 17866 人，全年投入发展扶持资金 50017.5 万元，其中：扶贫贴息贷款 20000 万元，中央、省、市、县财政资金 3114.5 万元，互助资金协会 1403 万元，包扶部门投入 23500 万元。已投入 46749.5 万元，其中：扶贫贴息贷款 19700 万元，中央、省、市、县财政资金 3114.5 万元，互助资金 1403 万元，包扶部门投入 20532 万元。县政府提供担保基金 1100 万元，撬动扶贫贷款资金 2 亿元。2016 年财政资金 3114.5 万元，安排 7 个产业扶贫项目，其中：贫困户生产发展项目 1091 万元，整村推进 30 个村中产业发展资金 647.5 万元，新建 20 个贫困村互助资金协会 400 万元，新建 17 个电商服务站和 8 个电商服务点 75 万元，6 个旅游扶贫项目 150 万元，扶贫小额贷款贴息 461 万元，13 个企业（合作社）产业化扶贫项目 290 万元。

一方面，紧盯脱贫目标，确定的扶贫主导产业有干鲜果、中药材、茶叶、食用菌、生猪，引导贫困户选准 1~2 个种养殖产业项目，加强技术指导，提供种苗、资金、销售等服务，力促群众自力更生、勤劳脱贫致富。2016 年以来，对 15623 户贫困户的承包土地进行了确权颁证，登记面积 5.6 万亩，流转土地 1347 亩；新建产业大棚 300 个，发展蔬菜 4776 亩，带动 2388 户贫困户；发展干鲜果 3936 亩，带动 3614 户贫困户；发展中药材 11846 亩（其中元胡 8260 亩），带动 6526 户贫困户；发展茶叶 860 亩，带动 1243 户贫困户；发展食用菌 14.8 万袋，带动 3879 户贫困户；养殖牲畜 4.51 万头，带动 3125 户贫困户。此外，养殖家禽 46.3 万只，带动 2500 户贫困户，目前已为贫困户人均增收 925 元。

另一方面，按照一个主导产业 2~3 个龙头企业带动思路，大力培育龙头企业、专业合作社、家庭农场和职业农民，积极培育现代产业市场主体，探索实行"公司（合作社）+ 基地 + 贫困户""电商 + 扶贫""旅游 + 扶贫"等模式，建立利益联结机制，鼓励各类市场主体吸纳安置贫困人口，带动群众发展订单农业、优质产业脱贫增收。目前，山花茶业、瑞丰生物、光荣炉料等 67 户企业共吸纳贫困户 906 户，安置贫困人口就业 2460 人；培育龙头企业 13 个，带动贫困户 1680 户；培育现代农业园区 19 个，带动贫困户 1250 户；发展专用合作社 22 个，带动贫困户 600 户；培育电商平台 25 个，带动贫困户 1800 户；培育职业农民、产业发展能人大户 182 户，带动贫困户 1926 户；建立合丰村休闲农业观光园、榛旺、永吉、一品等休闲农庄及农家乐 118 个，安置贫困人口就业 1765 人。同时，强化区域劳务合作，举办各类实用技术培训 125 场次，培训贫困群众 1.2 万人，其中劳务输出培训 2240 人；实施"春风行动"，组织开展 25 场面向贫困村的就业招聘会，积极引导贫困劳动力有序向非农产业和城镇转移，累计转移贫困户劳动力 8500 人。全县农村常住居民人均可支配收入较去年同期增加 515 元，增长 12%。

第四节　精准扶贫与农业产业发展

城固县地处内陆，位于北亚热带湿润季风区，是冬季极地大陆气团与夏季热带海洋气团交汇的地区。北有东西走向、高大的秦岭，可阻挡由西北南下的寒冷气流；南部米仓山作为屏障，减缓夏季由西南和东南北上的暖湿气流。秦岭阻拦起着保温护湿作用，加之中部"一江四河"调节本地水分，总的气候特点是冬无严寒、夏无酷暑、雨量充沛、四季湿润、雨热同季、干湿交替。

城固县农业产业发展的条件良好，基础较好，是帮助贫困人口脱贫的主要产业。农业主导产业定位必须遵循一定的原则认真分析自身区域特点和优势，制订切实可行的产业发展战略。农业产业依靠自然资源优势，因此要根据一个地区内的比较优势发展农业产业。农业产业明显的地域性特征要求必须遵循比较优势的原则，使得区域内发展具有比较优势的产业，从而提高产业的专业化水平。

城固县把精准扶贫与农业产业发展紧密结合，积极整合各种资源，通过大力发展牛羊养殖、花卉苗木、魔芋种植等特色产业，加快转变农业发展方式，不断强化农业科技支撑作用，有序推进现代农业建设，着力提高贫困群众脱贫致富能力。

城固县共识别建档立卡贫困村 101 个，核定贫困人口 23576 户 63441 人，贫困发生率为 14.3%。为帮助贫困群众彻底摆脱贫困，该县把产业扶贫作为重中之重。县上抢抓精准扶贫政策机遇，内挖自身潜力、外靠项目支持，着力在培育产业、提升产业、聚集产业上做文章，努力帮助贫困群众早日脱贫。该县在设定贫困村、贫困户生产项目时，坚持跳出农字抓农业、跳出农业抓农村的理念，推进农业向规模化、现代化方向发展，促进农业增效、农民增收。该县按照"集中连片、规模发展"的原则，在贫困村发展花卉苗木（魔芋）512亩、元胡（山药）2125亩、核桃545亩、厚朴75亩、猪苓50亩，养牛130头、养羊600余只、养鸡2075万只，实现了34个贫困村2504户贫困户有稳定的脱贫致富产业，受扶持的贫困户户均增加纯收入3500元，人均增加纯收入1000元。该县五堵镇宗湾社区居民杨继安养殖肉牛27头，不仅自己当起了"牛老板"，还免费传授技术，带动2户贫困户通过养牛实现了脱贫。小河镇石槽河村张兴华带领村民大力发展山羊养殖，全村25户贫困农户搞起了山羊养殖，仅此一项人均增收800元。

为了让更多贫困户早日脱贫致富，该县还充分利用"公司+基地+农户""基地+农户+合作社"的模式和机制，扶持发展产品加工营销龙头企业和发展农民专业合作社，引领农民发展农业产业。项目镇、村依托龙头企业和种养大户，帮助贫困户解决农产品销售难的问题，一批"穷、弱、小"农户被带富、带强、带大，贫困户"造血"功能不断增强。双溪镇方家坡村党员周春带领村民大力发展兰花种植，吸引40多户农户加入兰花专业栽培。2015年，该村收入超过5万元的兰花种植户超过了30户。村上借势注册成立了"咏春兰花苗木专业合作社",大量培育繁殖本地春兰、蕙兰主导优势品种,该村也成了全县有名的兰花养殖专业村。

农村土地流转发展特色产业,精准扶贫致富。城固县通过土地流转、整合扶贫资金入股、土地托管等方式,大力发展猕猴桃、葡萄等水果,以及元胡、乌药等中药材,茶叶和花卉苗木等生态产业,开启了土地出租挣租金、入股参股挣股利、入园打工挣薪金的"三挣"模式。目前,全县累计流转土地 6.74 万亩,形成特色产业村 104 个。县财政还每年列支 1000 万元专项资金、1000 万元贷款贴息,整合使用 7 个涉农部门争取的中省资金,重点支持优势主导产业和现代农业园区建设,现已建成农业园区 179 个。

第五节　本章小结

精准扶贫阶段,城固县的产业扶贫是新时期脱贫攻坚的主战场,是解决区域整体性贫困的关键。产业扶贫政策中贫困户生产项目的精准扶贫效果较好,贫困人口受益最多。除产业扶贫外,精准扶贫阶段还有农业扶贫、林业扶贫、异地搬迁扶贫、教育扶贫、健康扶贫、危房改造、社会保障等扶贫政策,合理推进精准扶贫工作。

尽管城固县精准脱贫产业发展存在不少困难,但也面临一些难得的发展机遇：扶贫攻坚带来的发展机遇、革命老区开发带来的发展机遇、区位优势带来的发展机遇、自身产业优势带来的发展机遇、供给侧改革带来的发展机遇等。

在具体的产业精准扶贫实施过程中，一方面，紧盯脱贫目标，确定的扶贫主导产业有干鲜果、中药材、茶叶、食用菌、生猪，引导贫困户选准 1~2 个种养殖产业项目，加强技术指导，提供种苗、资金、销售等服务，力促群众自力更生、勤劳脱贫致富。另一方面，按照一个主导产业 2~3 个龙头企业带动思路，大力培育龙头企业、专业合作社、家庭农场和职业农民，积极培育现代产业市场主体，探索实行"公司（合作社）+ 基地 + 贫困户""电商 + 扶贫""旅游 + 扶贫"等模式，建立利益联结机制，鼓励各类市场主体吸纳安置贫困人口，带动群众发展订单农业、优质产业脱贫增收。

城固县农业产业发展的条件良好，基础较强，是帮助贫困人口脱贫的主要产业。农业产业依靠自然资源优势，因此要根据一个地区内的比较优势发展农业产业。城固县把精准扶贫与农业产业发展紧密结合，积极整合各种资源，通过大力发展牛羊养殖、花卉苗木、魔芋种植等特色产业，加快转变农业发展方式，不断强化农业科技支撑作用，有序推进现代农业建设，着力提高贫困群众脱贫致富能力。

第六章

青龙寺村产业精准扶贫案例研究

产业扶贫是城固县精准扶贫的重要内容，本书选取了城固县原公镇青龙寺村作为案例点，对其产业精准扶贫在村层面的实施进行分析和探讨。本章将基于村庄和农户调查，采用座谈、访谈以及农户问卷调查等方式进行实地调研，基于调研的结果，对青龙寺村贫困的特点和成因、精准扶贫政策在村层面的实施效果、产业扶贫对贫困户的脱贫效果、不同主体产业发展需求等具体问题进行深入研究。

第一节　案例村及调查样本基本情况

青龙寺村位于城固县县城以北 15 公里，地处丘陵山区（见图 6-1），2002 年由青龙寺、苗家山、吕家河 3 个行政村合并而成（苗家山、吕家河村均属省级贫困村），辖区面积 23.2 平方公里，耕地总面积 3760 亩，柑橘种植面积 3070 亩，占耕地面积的 82%。全村 12 个村民小组，623 户 1988 人，其中建档立卡贫困户 163 户，贫困人口 464 人。由于地处偏远山区，耕地贫瘠、资源匮乏、自然条件恶劣，村民收入来源以种植柑橘、外出务工为主，增收渠道窄，抗风险能力较差。

图 6-1　青龙寺村区位示意

1. 地理环境

青龙寺村位于县城以北 15 公里，村委会距原公镇政府 4 公里，地处丘陵山区，2002 年由青龙寺、苗家山、吕家河 3 个行政村合并而成，辖区面积 23.2 平方公里，总耕地面积 3760 亩，其中柑橘种植面积 3070 亩。东、南分别与本镇李家山村、垣山村相邻；西、北分别与桔园镇杨家滩村、史家庄村接壤。

2. 人口及分布状况

全村辖 11 个自然村，12 个村民小组，总户数 623 户，总人口 1972 人。其中 1~6 村民小组属并村前的青龙寺村，地处浅山丘陵；7~12 村民小组属并村前的苗家山、吕家河村地处山区，人口居住分散，贫困人口众多，交通、水、电等基础设施较差，最远的村民小组距村委会 6.7 公里（见表 6-1）。

表6-1 青龙寺村人口及就业情况

单位：户，人

B1. 总户数	623	B3. 常住人口数	1616
a. 建档立卡贫困户数	163	B4. 劳动力数	896
b. 实际贫困户数	163	B5. 外出半年以上劳动力数	359
c. 低保户数	4	a. 举家外出户数	18
d. "五保户"数	15	b. 举家外出人口数	63
e. 少数民族户数	0	B6. 外出半年以内劳动力数	71
f. 外来人口户数	0	B7. 外出到省外劳动力数	245
B2. 总人口数	1988	B8. 外出到省内县外劳动力数	52
a. 建档立卡贫困人口数	464	B9. 外出务工人员中途返乡人数	82
b. 实际贫困人口数	464	B10. 定期回家务农的外出劳动力数	91
c. 低保人口数	6	B11. 初中毕业未升学的新成长劳动力数	3
d. 五保人口数	15	B12. 高中毕业未升学的新成长劳动力数	8

资料来源：精准扶贫精准脱贫百村调研 - 青龙寺村调研。

说明：本章统计图表，除特殊标注外，均来自青龙寺村调研。

3.组织机构

村党支部现有党员 65 名，其中女党员有 6 名。支部委员会由 3 人组成，设支书 1 名，委员 2 名；村委会由 3 人组成，设主任 1 名，副主任 1 名，委员 1 名；村监委会由 3 人组成，设主任 1 名，委员 2 名（见表6-2）。村两委成员交叉任职，高中文化的有 4 人，初中文化的有 1 人，平均年龄 52 岁。村调委会、治保、妇代、共青团、民兵连等组织机构健全（见表6-3）。

表6-2 青龙寺村村庄治理情况

单位：人

项目	结果	项目	结果
1.全村中共党员数量	65	7.村民代表人数	41
a.50 岁以上党员数	51	a.其中属于村"两委"人数	2
b.高中及以上文化党员数	17	8.是否有村务监督委员会	是
2.是否有党员代表会议	是	a.监督委员会人数	3
a.党员代表人数	13	b.属于村"两委"人数	0
b.属于村"两委"人数	3	c.属于村民代表人数	2
3.党小组数量	5	9.是否有民主理财小组	是
4.村支部支委会人数	3	a.民主理财小组人数	5
5.村民委员会人数	3	b.属于村"两委"人数	1
6.村两委交叉任职人数	1	c.属于村民代表人数	4

表6-3 2015年青龙寺村村委会选举情况

项目	结果	项目	结果
有选举权人数	1628 人	书记与主任是否一肩挑	否
实际参选人数	1615 人	是否搞大会唱票选举	是
村主任得票数	1383 人	投票是否发钱发物	否
是否设有秘密划票间	否	是否流动投票	是

4. 主导产业及经济发展

柑橘是青龙寺村的主导产业，总面积 3070 亩（见图 6-2），占耕地总面积的 82%，主栽品种有兴津、宫川、少核朱红橘等，年产量保持在 1 万吨以上，产值 1600 万元，占农民人均纯收入的 80% 以上，村内建有柑橘打蜡分选生产线 1 条。

图6-2　青龙寺柑橘

（黄晓东提供，2017 年 11 月）

养殖业和劳务输出也是农民增收的主要途径，全村养殖山羊 100 只以上的大户有 6 户，饲养总数 800 余只，产值近百万元（见表 6-4）。上一年劳务输出 400 余人，劳务收入 380 余万元。2015 年全村农民人均纯收入 9811 元。

表6-4　青龙寺村农业生产情况

主要种植作物	种植面积（亩）	单产（公斤/亩）	市场均价（元/公斤）
柑橘	3070	650	8
主要养殖畜禽	出栏量（头/只）	平均毛重（公斤/头）	市场均价（元/公斤）
山羊	730	45	10
生猪	108	120	14
鸡	760	2	26

5. 基础设施建设

按原行政村建制，硬化通村公路3条，共5.16公里；硬化村内道路2.7公里；打120米深水井一眼、埋设自流引水管道7000余米，解决了7个村民小组的饮水问题；硬化苗家山、吕家河柑橘市场场地678平方米；安装路灯42盏（见表6-5）。

表6-5　青龙寺村基础设施及社会保障情况

交通状况			
1. 通村道路主要类型	水泥路	4. 村内通组道路长度（公里）	10.6
2. 通村道路路面宽度（米）	3.5~6	a. 未硬化路段长度（公里）	10.6
3. 通村道路长度（公里）	6.25	5. 村内是否有可用路灯	是
电视通信			
1. 村内是否有有线广播	无	5. 使用卫星电视户数（户）	428
2. 村委会是否有联网电脑	有	6. 家中没有电视机户数（户）	6
3. 家中有电脑的户数（户）	33	7. 家中未通电话也无手机户数（户）	11
a. 联网电脑户数（户）	30	8. 使用智能手机人数（人）	731
4. 使用有线电视户数（户）	76	9. 手机信号覆盖范围（%）	96
医疗状况			
1. 全村卫生室数（个）	1	3. 全村医生人数（人）	3
2. 药店（铺）数（个）	0	4. 当前身患大病人数（人）	5

教育			
1. 本村 3~5 周岁儿童人数（人）	51	9. 乡镇中学离本村距离（公里）	4.3
2. 当前 3~5 周岁儿童不在学人数	0	10. 在乡镇中学上学人数	17
3. 本村幼儿园、托儿所数量（个）	0	a. 女生数	8
4. 学前班在学人数（人）	20	11. 住校生人数	5
5. 本村小学阶段适龄儿童人数（人）	63	12. 中学是否提供午餐	是
a. 女生数	27	a. 是否免费或有补助	补助
6. 在本村小学上学人数	63	13. 在县城中学上学人数	16
a. 女生数	27	a. 女生数	8
b. 住校生人数	9	14. 去外地上学人数	1
7. 在乡镇小学上学人数	34	a. 女生数	0
a. 女生数	14	15. 失学辍学人数	0
b. 住校生人数	9	a. 女生数	0
8. 在县市小学上学人数	29		
a. 女生数	13		

生活设施			
1. 已通民用电户数（户）	620	a1. 自来水单价（元 / 吨）	1.7
a. 民用电单价（元 / 度）	0.59	a2. 使用净化处理自来水户数（户）	0
b. 当年停电次数（次）	18	b. 江河湖泊水（%）	0
2. 村内垃圾池数量（个）	2	c. 雨水 / 窖水（%）	0
3. 村内垃圾箱数量（个）	0	d. 受保护的井水或泉水（%）	20
4. 集中处置垃圾所占比例（%）	32	e. 不受保护的井水或泉水（%）	74
5. 户用沼气池数量（个）	53	7. 水窖数量（个）	0
6. 饮用水源比例		8. 饮水困难户数（户）	241
a. 集中供应自来水（%）	6		

本村居民住房情况			
1. 户均宅基地面积（平方米）	203	6. 危房户数（户）	74
2. 违规占用宅基地建房户数（户）	0	7. 空置一年或更久宅院数（户）	23
3. 楼房所占比例（%）	79	8. 房屋出租户数（户）	0
4. 砖瓦房、钢筋水泥房所占比例（%）	89	a. 月均房租（如有，按10平方米折算，元）	0
5. 竹草土坯房户数（户）	5		

社会保障				
1. 参加新型合作医疗户数（户）	616	4. "五保"供养人数（人）		15
a. 参加新型合作医疗人数（人）	1953	a. 集中供养人数		0
b. 新型合作医疗缴费标准（元/人·年）	150	b. 集中与分散供养相结合"五保"人数		15
2. 参加社会养老保险户数（户）	616	c. "五保"供养村集体出资金额（元）		0
a. 参加社会养老保险人数（人）	1049	5. 村集体帮助困难户年出资额（元）		0
3. 低保人数（人）	6			
农田水利				
1. 近年平均年降水量（毫米）	860	5. 机电井数量（个）		1
2. 主要灌溉水源（地表水、地下水、雨水）	地表水	6. 生产用集雨窖数量（个）		465
3. 正常年景下水源是否有保障	是	7. 水渠长度（米）		3640
4. 排灌站数量（个）	0			

6. 社会综合治理

按自然村分布情况，每个村民小组设治安中心护长 1~2 人，全村共有治安中心护长 15 名，年均调处民事纠纷 40 余起，无遗留、无上访，7 年内无刑事案件发生（见表 6-6）。

表 6-6　青龙寺村社会稳定情况

项目	结果	项目	结果
1. 打架斗殴事件（件）	2	4. 判刑人数（人）	0
2. 偷盗事件（件）	0	5. 接受治安处罚人次	0
3. 抢劫事件（件）	0	6. 上访人次	1

7. 科技文化与旅游

青龙寺村种植柑橘历史悠久，原青龙寺村农民柑橘种植技术相对成熟，吕家河和苗家寨（现 7~12 组）农民近年来通过科技培训掌握了一定的种养殖技术。青龙寺村柑橘合作社建立打蜡分选厂，拥有先进的设备，为本村柑橘产业的发展提供了技术支撑（见表6-7）。

青龙寺村因村内有寺院名"青龙寺"而得名，青龙寺建于隋末唐初，毁于"文革"期间。青龙寺村北部山区有座山取名"鹁鸪钻天"，山势陡峭，山顶建有庙堂，风光秀丽，传说动人。青龙寺水库南侧山顶建有"宝箧印塔"，是踏青、观光的好去处，具有较高的旅游开发价值。

表6-7　青龙寺村科技文化发展情况

项目	结果	项目	结果
1. 农民文化技术学校（所）	2	9. 社团（老年协会、秧歌队等）个数（个）	1
2. 村内举办农业技术讲座次数（次）	3	10. 村民最主要宗教信仰	佛教
3. 村民参加农业技术培训人次	338	11. 具有各种宗教信仰群众数量（人）	460
4. 获得县以上证书农业技术人员数量（人）	0	12. 是否有教堂、寺庙等宗教活动场所	否
5. 村民参加职业技术培训人次	17	a. 建设与维护费用主要来源	政府资金
6. 图书室、文化站个数（个）	1	b. 多久举行一次活动	每天
7. 体育健身场所（个）	1	c. 平均每次活动参加人数（人）	6
8. 棋牌活动场所（个）	1		

第二节　贫困户致贫原因分析

从致贫原因来看，自然条件较差是青龙寺村贫困的客观原因，这也是整个秦巴山区贫困的主要外部因素。由于青龙寺村属于浅山区，村里的贫困人口主要分布在山上，地理环境和交通条件差、基础设施薄弱等导致了长期以来山上居民难以摆脱贫困，而山下村民由于土地条件和交通状况较好，近年来通过发展柑橘产业提升了收入水平，目前全村贫富差距也越来越大。除了地理因素等客观原因，根据实际调查，目前青龙寺村贫困户致贫原因主要包括：因病致贫、因残致贫、因学致贫、缺技术、缺劳力、缺资金、自身发展不足等（见图6-3）。

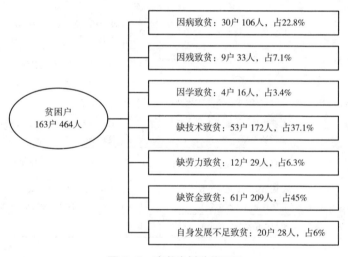

图6-3　青龙寺村致贫原因

1.因病致贫

据调查，青龙寺村目前因病致贫的贫困户共30户106人。这些贫困户中，有长期生病或重大疾病患者，不仅不能通过劳动获得收入，而且医疗费用居高不下，有的甚至债台高筑。贫困户家庭中有的人身患特殊慢性疾病，需长期服药，而慢性病的医药费往往无法通过合作医疗进行报销，高昂的医药费用导致家庭贫困。调研中发现，目前在村里，对贫困农户来说，生病以后常常是"小病扛，大病拖"，对不能再扛、不能再拖的病，治疗费用就成了这些农户的沉重负担，这类贫困户被长期积累的医疗费用和长期生病压得喘不过气来，自身无精力和信心摆脱贫困。据调查显示，本村居民中，患糖尿病、高血压、瘫痪、精神类等特殊慢性疾病的有193人，占总人数的9.7%。而因病导致贫困的有106人，占全村贫困人口的22.8%。此外，因病返贫现象在青龙寺村也大量存在，有些贫困户虽然已经脱贫，但由于家庭成员突发大病，难以承担突如其来的巨额医药费，突然变得一贫如洗，这种现象是该村返贫最主要的因素。

2. 因残致贫

绝大部分重度残疾人由于丧失劳动能力，需常年就医用药，需专人陪护，家庭贫困的现象比较多。属于重症残疾的一级残疾人家庭、大部分二级残疾人家庭基本上都处于贫困水平。如第12村小组妇女陈某，因脑梗死中风偏瘫，除一次性诊治医疗费用外，每月需医药费600多元，而家庭收入完全靠丈夫平时在周边打零工挣钱，因此昂贵的医药费以及缺乏劳动力使得该家庭难以脱贫。

3. 因学致贫

因供养子女读书而致贫的，占贫困人口的3.4%，这类贫困户由于家中有子女进入非义务教育阶段，上高中、中专、大学等需要承担一笔相对较高且固定的教育费用。在某一阶段该家庭会处于贫困状态，但这类贫困户随着子女成长，读书毕业和就业后，一般都能摆脱贫困，通过采取帮扶措施也容易见到成效。

4. 缺技术致贫

一些贫困户自身有发展和摆脱贫困的需求，青龙寺村种植业和养殖业扶贫项目在村里推行效果良好。但一些贫困户长期没有从事过种植养殖活动，缺乏相应的技术而导致贫困。据调查，青龙寺村居住在山上的村民，近年来也逐渐效仿山下农民种植柑橘，但由于技术不成熟，出现了产量极低甚至无法挂果的现象。此外，居住地海拔较高的农户，近年来通过养殖业扶持项目开展林下养鸡、养羊等活动，也出现了畜禽疾病等生产活动失败导致的贫困。

5. 缺劳动力致贫

目前青龙寺村因缺乏劳动力致贫的有 12 户共 29 人，占贫困人口的 6.3%。缺乏劳力的贫困人口是扶贫工作的难点。目前，农村的社会保障机制还不健全，没有任何形式的医疗和社会保险，对农户而言，如果家庭中有残疾人、体弱或年老丧失劳动能力的成员，不仅对家庭没有收入的贡献，反而还增大支出，导致家庭长期陷入贫困之中，难以脱贫。此类贫困户很难通过自己的努力脱贫，就是脱了贫也容易返贫，需要政府和社会对他们进行救助。

6. 缺资金致贫

缺资金致贫是一个非常普遍的致贫因素，绝大多数贫困户在发展生产过程中都会面临资金的缺乏。据调查，青龙寺村 45% 的贫困户是属于缺资金而致贫，走访中这些贫困户纷纷表示，自己有强烈的摆脱贫困的愿望，但各种生产类项目都需要一定的资金投入，自己家中因无积蓄、也难以通过借贷途径获得资金，因此自身难以进行生产投入，导致贫困。然而缺资金、缺项目的贫困农户的经济状况一般都处在脱贫的临界线上，对此类贫困户采取帮扶措施容易见成效，针对这类贫困户，应从提供增收项目，提供资金、信息方面给予帮助，使其尽快摆脱贫困。

7. 自身发展不足致贫

自身发展不足是我国农村贫困问题中难以解决的现象，这种致贫原因往往是"因懒致贫"。青龙寺村也存在这种现象，通过走访贫困户发现，村中或多或少存在几个自身身体健康，却不愿出力流汗，坐等政府帮扶，平时游手好闲，不思进取的人。这些人往往缺乏自力更生、勤劳致富的精神，宁可贫困，也不愿意从事一些比较辛苦的体力劳动来获取收入。这一致贫原因是扶贫过程中最令人头疼也是最难以解决的（见图6-4）。

图6-4 贫困家庭留守老人

（侯一蕾拍摄，2016年3月）

第三节　精准扶贫政策在村层面的实施推进

一　成立精准扶贫工作小组

为了打好青龙寺村脱贫攻坚战，青龙寺村村委联合驻村工作小组成立了青龙寺村精准扶贫工作小组。村支书任工作小组组长，主持扶贫攻坚全面工作。村主任和驻村第一书记（市地震局干部）任副组长，分别负责扶贫攻坚措施具体计划和组织协调计划的具体落实等。村委其他干部担任精准扶贫工作小组成员，负责精准扶贫各项措施计划的具体落实、资料编写、整理归档等工作。精准扶贫工作小组的成立，为精准扶贫各项政策措施的实施和落实提供了坚实的基础，也使青龙寺村精准扶贫得以顺利实施，为2016年底整村脱贫提供了基本的工作保障（见图6-5）。

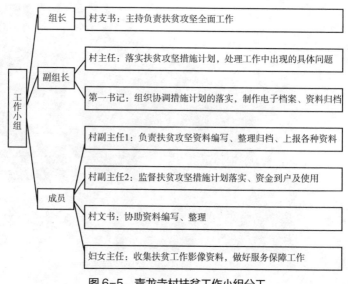

图6-5　青龙寺村扶贫工作小组分工

二　建档立卡实施情况

建档立卡是实施精准扶贫的首要和基础性工作，城固县实施精准扶贫以来，青龙寺村精准扶贫工作小组积极响应政策号召，在反复调查、审核、公示后，最终确定了贫困户163户464人（见表6-8）。

表6-8　青龙寺村建档立卡贫困户基本情况

单位：户，人

项目	2015 年	2016 年
1. 贫困户数	163	45
2. 贫困人口数	464	121
3. 调出贫困户数（调整为非贫困户）	105	120
a. 调出贫困人口数	309	349
4. 调入贫困户数（调整为贫困户）	91	2
a. 调入贫困人口数	209	6
5. 脱贫户数	105	120
6. 脱贫人口数	309	349
a. 发展生产脱贫	173	238
b. 转移就业脱贫	102	79
c. 易地搬迁脱贫	34	32
d. 生态补偿脱贫	0	0
e. 社保兜底脱贫	0	0

根据城固县精准扶贫工作的要求，青龙寺村积极开展了贫困户建档工作，对于建档立卡的贫困户实行"一户一档"进行管理，每户贫困户都形成了一套资料，具体包括：贫困户申请、贫困户信息采集表、扶贫手册、帮扶协议、贫困户与帮扶人合影、一信双承诺、上半年发

展产业规划统计表、产业补助资金发放表、项目实施验收表、脱贫户调查摸底及 2016 年收支情况一览表、贫困户自愿退出申请表、脱贫协议、贫困户脱贫告知单、贫困户退出验收表。每户贫困户档案由村委会存档保管，贫困户在家中也挂置一块贫困户基本信息牌（见表 6-9）。

表 6-9　青龙寺村贫困人口建档立卡贫困户资料目录

序号	资料内容
1	贫困户申请
2	贫困户信息采集表
3	扶贫手册
4	帮扶协议
5	贫困户与帮扶人合影
6	一信双承诺
7	上半年发展产业规划统计表
8	产业补助资金发放表
9	项目实施验收表
10	脱贫户调查摸底及 2016 年收支情况一览表
11	贫困户自愿退出申请表
12	脱贫协议
13	贫困户脱贫告知单
14	贫困户退出验收表

三　精准帮扶措施及实施效果

（一）原公镇产业精准扶贫的实施措施

为确保脱贫攻坚工作取得实效，一是镇上及时制定了全镇脱贫攻坚实施方案，成立了脱贫攻坚指挥部，抽调人员组成综合协调、督导落实、检查考核、宣传引导 4 个工作组；二是协助村上成立脱贫攻坚工作站，针对各户制定了脱贫计划，按照"5321"帮扶机制，将党员和干部与贫困户结成帮扶对子，实行连心、结亲、结对"一对一、点对点、人对人"精准扶贫，全镇有 790 名党员干部帮扶 2400 名贫困户；三是 6 个贫困村驻村第一书记及时到村到户宣讲扶贫政策，帮助群众解决实际困难，助推全镇扶贫工作；四是按照"五个一批"精准脱贫要求，镇上认真抓好工作，积极向有关部门争取资金和物资，截至 2016 年底，共争取项目资金约 352 万元，实施工程项目 5 个，发展产业 30 种，共计 4623.4 亩。

1. 种植业发展情况

在种植业方面，共发放扶持资金 200.2 万元，帮扶贫困户 1560 户。其中，发展猕猴桃 1912 亩，发展柑橘 3462 亩，发展中药材 754.2 亩，发展蔬菜 492.9 亩，极大地推进了种植业的发展，使得更多的贫困户能够在家门口实现经济的发展，摘掉贫困户的帽子。

2. 养殖业发展情况

在养殖业方面，共发放资金 44.5 万元，帮扶贫困户 260 户。其中，发展生猪养殖 12567 头，发展肉牛养殖 2485 头，发展肥羊养殖 1422 只，极大地促进了养殖业的发展，实现了产业发展多元化，扩展了人们致富的新道路。

3. 项目建设情况

2016 年以来实施基础设施建设项目 39 个，投资 455

万元。其中，饮水建设项目6个，道路建设项目26个，卫生室建设项目7个，截至2016年底，全镇所有贫困户均参与了合作医疗，人民的衣食住行各个方面都得到了发展，彻底保障了生活的安全和稳定，解决了许多贫困户面临的巨大困难。

4. 金融补助情况

2016年以来，共发放资金13万元，帮扶贫困学生65名，使得更多的学生能够没有后顾之忧地学习。同时，截至2016年10月底共帮助贫困户争取小额扶贫创业贷款152笔共计750万元，帮助87户贫困户协调信用贷款417万元。这极大地促进了民众创业的积极性，增加了人们脱贫的信心，更是为脱贫目标的实现跨出了巨大的一步。

5. 探索农业发展新模式情况

原公镇开展了以柑橘、猕猴桃、大棚蔬菜种植以及生猪、养羊等为主的农业技术培训，累计培训26场次，参加4000人次，同时鼓励外出务工增加收入。在提升农民自身发展的情况下，原公镇更是积极推行"贫困户+"的发展模式，辖区内禾和、新天地、余氏猕猴桃等企业大户吸收贫困户475户，实现进入园区在家门口挣钱，其中流转土地资金26.25万元，务工挣钱35万元。除此之外，原公镇的垣山社区探索出了"合作社+农户"模式，以和源养殖场和润华生猪养殖专业合作社为主，引领辐射带动种养殖大户9户，成立专业合作社6个，新发展柑橘300亩，发展杂果450余亩，发展生猪300头，发展肉牛

50 余头，发展羊 70 余只，预计收入 720 万元。通过以上多种新型农业发展模式，极大地促进了群众增收致富的信心和决心。

6. 村容整治发展情况

在发展经济的同时，原公镇更是注重精神和内涵的发展，新增设路灯 214 盏，争取县环保局 300 余万环卫设施，其中垃圾压缩车一辆，转运车两辆，垃圾箱 32 个，垃圾桶 2700 个，投资 350 万元建成垃圾压缩站一个。不断改善群众生产生活环境，为贫困户脱贫致富奠定了坚实的基础条件。

（二）青龙寺村精准扶贫措施及实施效果

精准扶贫实施以来，青龙寺村在县扶贫办、原公镇政府的扶持下，实施了一系列扶贫政策，取得了良好的效果。具体扶贫措施及实施效果如下。

第一，抓柑橘产销，促进农民收入提高。青龙寺村种植柑橘历史悠久，是村民赖以生存的主要生活来源之一，占农民人均纯收入的 76.8%，是村民们脱贫致富的主要途径。自新一轮扶贫工作启动以来，青龙寺村在做好稳定柑橘产量的基础上，积极采用橘园密改稀、生物防虫等新技术，不断提高果品品质，2014 年千亩橘园获得了国家有机食品认证，并出口哈萨克斯坦、吉尔吉斯斯坦等多个国家。为了把柑橘产业做大做强，使柑橘商品效益最大化，村两委牵头组织成立了集柑橘种植、加工、销售于一体的柑橘专业合作社，并建成了青龙寺柑橘打蜡分选厂，进一步增加了产品附加值和村民收入。

第二，引樱桃新品，激发产业多元活力。村两委以全县桔园大景区旅游观光发展为契机，针对第9、第10村民小组柑橘种植相对薄弱的实际，结合耕地分布和土质特点，在多次实地考察和广泛征求群众意见的基础上，与略阳县东林大樱桃合作社反复协商，并邀请相关专家到村实地查看，确定了以东林大樱桃合作社为蓝本，建立青龙寺村大樱桃园的发展计划。现已联片整沟栽植大樱桃140亩，完成果园供水等基础设施建设，并提早对相关人员进行了专业技术培训，该项目预计2019年每亩收益可达8000余元。

第三，定规章制度，保障资金精准到户。扶贫整村推进项目启动后，村两委制定发放了《青龙寺村贫困户产业发展资金到户扶持标准》及《青龙寺村贫困户产业发展资金到户明白卡》。通过产业申报、入户落实、张榜公示，使广大群众认可了"一村一策、一户一法"的精准扶贫办法。贫困户在扶贫产业资金的扶持下，相继发展了果树种植、药材种植和家畜家禽养殖等产业。在推动多元产业齐头并进的同时，还实现了户户有产业，家家能增收的良好局面。项目实施两年来，逐步形成以养殖山羊为主导，辐射发展养殖牛、猪、鸡的养殖模式，并日趋规模化、规范化。共计养殖山羊663只、牛54头、猪101头、鸡1525只。通过项目的实施，全村又新栽植柑橘110亩，核桃70亩，苗木27亩，中药材20亩。

第四，重设施建设，筑牢美丽新村基石。村两委为深入推进产业发展，进一步加大了基础设施投入力度，经过市、县两级相关部门资金扶持和自主争跑项目，共计筹资240万元。全村共硬化拓宽道路7.9公里；硬化柑橘市场场地3100平方米；修复、硬化塌方路面和巷道258平方米；治理河道900米、栽植绿化植物502株；新建U形渠2公里、便民桥1座、水窖420口；亮化主干道1.5公里，安装路灯42盏。基础设施的改善，既改善了村民的居住环境，也保证了柑橘的种植灌溉和运输，为全面建成"村新、景美、业盛"的新青龙寺村奠定了坚实的基础。

第五，尽帮扶职责，力保扶贫工作实效。市地震局扶贫工作队入村后，根据全村具体情况，有针对性地开展了帮扶活动。工作队发挥专业特长，与村两委现场踏勘、合理选址，并建成一口深水井，缓解了打蜡厂及周围村民用水难的困境。在下派第一书记以来，第一书记能够时刻谨记工作职责，积极就全村精准扶贫建言献策，一方面为村上扶贫工作注入了新鲜血液，另一方面也激发了全村扶贫工作新的活力。

通过新一轮精准扶贫项目的实施，全村扶贫工作蓬勃发展，全村面貌焕然一新，进一步坚定了贫困户及早脱贫致富的决心和信心，群众幸福指数得以大幅提升。2016年12月，青龙寺村已经整村脱贫（见图6-6）。

图6-6　青龙寺村概貌

（黄晓东提供，2018年5月）

第四节　基于农户调查的产业扶贫效果分析

　　为了深入分析青龙寺村贫困户产业发展情况以及精准扶贫在村层面的实施效果，课题组于2017年3月在青龙寺村开展了入户问卷调查，共抽取样本农户85户，其中有效样本80户，占总样本数的94.12%。样本包含贫困户40户，非贫困户40户。

一　农户样本基本特征

从农户调研结果来看，调查的样本中每户平均人口数量为 3.87，家庭人口数量最多为 8 人，最少为 1 人。从性别比例来看，样本农户家庭中男性平均数量为 1.96，女性为 1.79，家中男性人口略多于女性。家庭普通全劳动力平均为 3.05 人，家庭外出务工人数平均为 1.24 人，外出务工时间平均为 7.73 个月（见表 6-10、表 6-11、表 6-12）。

表 6-10　青龙寺村总样本家庭基本信息

	项目	最小值	最大值	平均值	标准差
家庭人口	家庭人口总数	1	8	3.87	1.83
	其中：男	0	6	1.96	1.46
	女	0	5	1.79	1.39
家庭劳动力	普通全劳动力	0	7	3.05	1.53
	部分丧失劳动能力	0	4	0.83	0.52
	无劳动能力但有自理能力	0	2	0.75	1.57
	无自理能力	0	2	0.24	1.03
教育水平	家庭劳动力平均教育年限	0	16	6.94	2.37
外出务工	务工人数	0	5	1.24	1.88
	人均务工时间（月）	0	12	7.73	9.13
资源禀赋	土地经营面积	0	105	6.79	10.25

表6-11　青龙寺村贫困户家庭基本信息

项目		最小值	最大值	平均值	标准差
家庭人口	家庭人口总数	1	8	3.41	1.96
	其中：男	0	6	1.92	1.57
	女	1	5	1.82	1.23
家庭劳动力	普通全劳动力	0	6	2.97	1.73
	部分丧失劳动能力	0	4	1.03	0.78
	无劳动能力但有自理能力	0	2	0.76	1.35
	无自理能力	0	2	0.29	1.23
教育水平	家庭劳动力平均教育年限	0	12	6.04	2.07
外出务工	务工人数	0	4	0.98	2.88
	人均务工时间（月）	0	12	7.23	9.27
资源禀赋	土地经营面积	0	45	6.24	6.25

表6-12　青龙寺村非贫困户家庭基本信息

项目		最小值	最大值	平均值	标准差
家庭人口	家庭人口总数	2	8	4.33	1.78
	其中：男	0	6	2	1.49
	女	0	5	1.76	1.49
家庭劳动力	普通全劳动力	0	7	3.13	1.92
	部分丧失劳动能力	0	3	0.63	0.42
	无劳动能力但有自理能力	0	2	0.74	1.72
	无自理能力	0	2	0.19	0.59
教育水平	家庭劳动力平均教育年限	0	16	7.84	3.35
外出务工	务工人数	0	5	1.5	1.58
	人均务工时间（月）	0	12	8.23	5.13
资源禀赋	土地经营面积	0	105	7.34	22.36

在调查的80户农户中，户主以40岁以上的男性为主，受教育程度以小学、初中文化水平居多。如表6-13所示，就调查的总样本而言，男性户主78户，占总样本的97.5%，女性户主仅占2.5%。户主年龄在51~60岁的

有 27 人，占总样本的 33.75%；60 岁以上的有 30 人，占 37.5%。户主受教育程度为小学水平的最多，占 48.75%。从贫困户和非贫困户的对比来看，贫困户户主年龄比非贫困户高，受教育程度则明显偏低。贫困户和非贫困户的健康状况差异不大，但贫困户与非贫困户户主的社会身份有一定差异，其中，非贫困户样本中有 10% 是村干部，而贫困户中没有村干部。

表6-13 青龙寺村户主基本特征

单位：%

项目		总样本		贫困户		非贫困户	
变量	取值范围	样本数	比例	样本数	比例	样本数	比例
性别	男	78	97.50	40	100.00	38	95.00
	女	2	2.50	0	0	2	5.00
年龄	30 岁以下	1	1.25	0	0	1	2.50
	30~40 岁	5	6.25	2	5.00	3	7.50
	41~50 岁	17	21.25	7	17.50	10	25.00
	51~60 岁	27	33.75	12	30.00	15	37.50
	60 岁以上	30	37.50	19	47.50	11	27.50
教育程度	文盲	13	16.25	8	20.00	5	12.50
	小学	39	48.75	22	55.00	17	42.50
	初中	19	23.75	7	17.50	12	30.00
	高中或中专（高职技校）	8	10.00	3	7.50	5	12.50
	大专及以上	1	1.25	0	0	1	2.50
健康状况	健康	58	72.50	28	70.00	30	75.00
	长期慢性病	17	21.25	9	22.50	8	20.00
	患有大病	3	3.75	2	5.00	1	2.50
	残疾	1	1.25	1	2.50	0	0.00
主要社会身份	村干部	4	5.00	0	0	4	10.00
	村民代表	14	17.50	6	15.00	8	20.00
	普通农民	61	76.25	35	87.50	26	65.00
	其他	1	1.25	1	2.50	0	0.00

二 农户收入情况分析

1. 贫困户与非贫困户收入水平

从样本农户调查结果来看，80 户样本农户的家庭人均年收入为 8874 元，人均纯收入为 3876 元。总样本中家庭总收入平均为 36821 元，其中，工资性收入和经营性收入为主，分别为 17858 元和 11656 元。从贫困户和非贫困户的收入比较来看，贫困户家庭人均年收入 5608元，远远低于非贫困户 12140 元的人均年收入水平。说明青龙寺村贫富差距非常大。实地调研的发现也证实了这一点，青龙寺村属于浅山区，山上山下农民生产生活状况相差甚远，贫困户主要集中在山上，受地理因素制约难以摆脱贫困。而山下农户近年来依托柑橘产业增收明显，且利用便利的交通有更多的发展和就业机会，收入和生活水平明显高于山上的贫困农户。从收入来源来看，贫困户的工资性收入平均为 11263 元，经营性收入为 5198 元。而非贫困户的工资性收入和经营性收入分别为 24453 元和 18115 元，分别是贫困户的 2.17 倍和3.49 倍。贫困户的财产性收入和转移性收入平均为 1129元和 3111 元，非贫困户的分别为 618 元和 1390 元。可见，贫困户的财产性收入和转移性收入高于非贫困户（见表 6-14）。

表6-14　青龙寺村样本农户家庭收入情况

单位：元

项目	总样本		贫困户		非贫困户	
	平均值	标准差	平均值	标准差	平均值	标准差
家庭人均年收入	8874	5820	5608	3252	12140	6014
家庭人均纯收入	3876	5269	1768	3662	5983	5806
家庭总收入	36821	25590	21527	14882	52115	25004
工资性收入	17858	16378	11263	13425	24453	16551
经营性收入	11656	15659	5198	6816	18115	19096
其中：农业经营收入	7590	9573	4015	5965	11165	11128
非农业经营收入	4647	13357	1391	4010	7722	17792
财产性收入	877	3270	1129	3876	618	2535
转移性收入	2251	4182	3111	5330	1390	2344
其他收入	4300	4078	968	1770	7633	13572

2.贫困户与非贫困户的收入来源结构

从调查样本的家庭收入来源结构来看，对80户样本农户而言，工资性收入占48.34%，经营性收入占31.55%，财产性收入占2.37%，转移性收入占6.09%，其他收入（赡养收入和人情收入等）占11.64%。可见，青龙寺村农民目前以工资性收入和经营性收入为主。对比贫困户和非贫困户的收入来源结构可以发现，非贫困户的经营性收入比重明显较大，这也是非贫困户相对贫困户收入较高的原因之一。青龙寺村柑橘产业近年来发展十分迅猛，诸多村民种植柑橘获得了可观的收入。非贫困户目前大部分参与了柑橘种植，通过此项农业生产经营项目大大提高了家庭收入。加之

2011年青龙寺村柑橘合作社成立以后，在村内建立了柑橘打蜡分选加工厂，柑橘种植户的农业经营收入得到了进一步提高。贫困户的财产性收入略高于非贫困户，这是由于部分贫困家庭，尤其是因病、因残致贫的家庭缺乏劳动力，于是将土地转租给他人，获得一部分土地租金，增加了财产性收入。而贫困户的其他收入低于非贫困户，是由于本研究其他收入主要是赡养收入和人情收入，而贫困户社会关系简单，人情收入往往较少。同时贫困户家中丧失劳动能力的老人常常会出现无人赡养的情况，因此赡养收入也相对较少（见图6-7）。

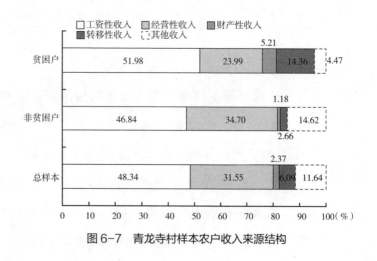

图6-7 青龙寺村样本农户收入来源结构

三 贫困户与非贫困户的产业发展政策响应

在村层面，产业精准扶贫政策主要有三个方面，政府扶持的龙头企业汉中新天地农业发展有限公司、青龙寺村柑橘合作社、精准扶贫贫困户生产项目。从实地调查来看，各种产业发展政策都取得了一定的效果，农民对于各项政策扶持的积极性较高。但不同群体对政策的态度和响应有所不同（见表6-15）。

表6-15　青龙寺村贫困户与非贫困户对产业扶贫的响应

项目	贫困户	非贫困户
龙头企业	参与积极性高 就业带动较难 农户参与度低 受益相对较少	参与积极性高 就业带动明显 农户参与度高 受益相对较多
合作社	被动参与 积极性较高 受益相对较高	主动参与 积极性较高 受益相对较高
贫困户生产项目	需求大 积极性高 政府扶持 收益较高	有需求 无扶持资金

（一）企业扶贫的响应

1. 企业基本情况

汉中新天地农业发展有限公司位于汉中市城固县桔园路中段，公司成立于2009年，注册资金2000万元，现有资产近亿元，目前已形成科、工、贸一体，产、加、销一条龙的产业发展格局，是陕西省农业产业化重点龙头企业。公司现有五个基地、三个工厂和一个展销平台。五个基地为：原公镇青龙寺1000亩有机柑橘种植基地、三合镇龙王庙村100亩优质猕猴桃接穗苗圃基地、原公镇新原村 500 亩猕猴桃高标准示范和教学基地、原公镇田什字村万亩猕猴桃现代农业产业园。三个工厂为：万吨有机柑橘分选包装厂、康亿园生态食品生产厂和正在建设中的年产 500 吨紫薯花青素加工生产厂。展销平台为：600 平方米康亿园"汉中印象"农特产品展销大厅。

公司与陕西理工学院校企合作，已取得 5 项专利技术和 1 项著作权，荣获 1 项省级科技进步奖，产品"翠香"猕猴桃荣获陕西猕猴桃优质产品称号；"康亿园"牌核桃油、"秦岭黄金蜜"被国家级杨凌农高会授予"后稷奖"。公司连续被县市工商局授予"守合同重信用企业"称号。公司长期与西北农林科技大学猕猴桃技术团队保持紧密联系，是西北农林科技大学猕猴桃产业教学实验基地、陕西省果业局汉中猕猴桃试验站建设实体、陕西理工学院产学研校企合作签约单位。公司以创新谋求发展，着力打造陕南现代农业企业集团。

原公镇青龙寺村柑橘生产加工基地采用"公司＋基地＋农户"模式，依托原公青龙寺村优质柑橘产业，打造品牌，1000 亩柑橘有机食品基地已认证，万吨柑橘鲜果分选线已投资建成。多年来，公司聘请柑橘技术专家组织基地果农开展订单农业技术培训；印发《有机柑橘生产技术规程》等技术资料，安装太阳能杀虫灯 100 多盏，并落实"间伐起垄、树上挂板、空中挂灯、树中挂螨"等防治技术新措施，以此带动青龙寺周边 6 个村万亩优质坡地柑橘生产。

公司于 2011 年建成青龙寺有机柑橘分选厂。2011 年公司荣获西北农林科技大学有机食品认证中心开展 2000 亩有机柑橘基地认证，其中 1000 亩柑橘已通过审定，进入有机食品认证转换期，初步打造了地域优质柑橘品牌。现已通过 3 年的有机认证检测。

2. 企业的扶贫效应及农户响应

社会扶贫是精准扶贫全面实施以来城固县产业扶贫的重要形式。汉中新天地农业发展有限公司履行社会责任，在城固县桔园镇、原公镇等地大力开展产业扶贫。通过选择适合当地发展的产业，推广让利于民的合作方式，扶持当地农业产业发展，带动周边农户致富。在产业布局方面，新天地农业发展有限公司重点发展能够更好带动农户发展的养殖业、种植业、加工业等，至今已经拥有有机柑橘生产加工、猕猴桃标准化示范生产销售、现代休闲农业旅游开发、秦巴农林特产加工销售等多个重点项目，上中下游共计联系了数千户农户。

对于当地的龙头企业而言，其对当地农民收入提高有着显著贡献，但由于"精英捕获"现象的存在，以及企业有着追求经济效益的目标，往往是非贫困户受益相对较多，企业的发展对于当地非贫困户的就业带动十分明显，而对精准扶贫的对象扶贫作用十分有限。实地调研发现，贫困户对于新天地这样的龙头企业积极性非常高，但由于自身素质和劳动生产率较低，在企业生产和就业过程中不具有竞争力，因此很难参与到新天地这样的大企业中去。新天地公司的有关负责人表示，城固县在鼓励"企业 + 农户"的社会扶贫方面有一定的资金支持，但公司对于这样的政府扶持资金并不十分感兴趣，一方面由于有限的扶持资金难以弥补贫困户生产效率低所带来的损失；另一方面资金申请和使用手续烦琐，企业还需承担一定的资金管理成本（见图6-8）。

图6-8　农户问卷调查

（侯一蕾拍摄，2016年3月）

（二）合作社扶持的响应

青龙寺柑橘专业合作社于2011年11月由村内4户村民发起设立并出资，注册成立。目前共有社员86户198人，合计出资额（量）2587.75亩。该专业合作社旨在解决一家一户生产体制散、乱、弱的弊病，把农民和农产品加工销售以合作社形式组织起来，按农业产业化的产供销一体化运作模式，合作社统一供应批价无公害生产资料，统一进行"一村一品"绿色柑橘专业化生产布局，统一柑橘产品包装储运代理销售，统一由农村信用合作社结转资金，最终实现农民社员大幅度增收及农民利益最大化（见表6-16，表6-17）。

表6-16 青龙寺村柑橘合作社基本信息

项目	信息
合作社名称	城固县青龙寺柑橘专业合作社
合作社领办人	村主任、村支书等
成立时间（年月）	2011年11月
成立时社员户数	4户
目前社员户数	86户
业务范围	柑橘加工、销售
总资产	63万元
总销售额（万元）	72万元

表6-17 青龙寺柑橘专业合作社主要成员

序号	身份	住址	出资额	品种
1	理事长	青龙寺村3组	12.3亩	柑橘
2	执行监事	青龙寺村4组	21.39亩	柑橘
3	办税人员	青龙寺村4组	23.6亩	柑橘
4	财务会计	青龙寺村2组	12.3亩	柑橘
5	成员	青龙寺村2组	18.6亩	柑橘

根据调研，无论是贫困户还是非贫困户，都通过合作社得到了一定收益，因此贫困户和非贫困户的积极性都相对较高。不同的是，贫困户是被动参与，而非贫困户则是

主动参与。这是由于青龙寺村柑橘合作社是由村内大户发起的带有一定营利性质的组织，成立之初需要以土地或资金入股，因此最初吸引了一些非贫困户的参与。而精准扶贫政策实施以后，社会扶贫作为产业精准扶贫的重要方式，有一定的政策强制性和一定的资金支持，这时就有一些种植柑橘的贫困户有机会加入合作社，享受合作社带来的柑橘加工和销售服务，从而获得更高的收益。可见，"合作社 + 贫困户"的模式能够通过产业发展带动一部分贫困户摆脱贫困。

（三）贫困户生产项目

精准扶贫实施以来，城固县扶贫办共拨付精准扶贫产业发展资金共 20 万元，用于青龙寺村贫困户的产业发展项目，全村产业发展项目投入及收入情况如表 6-18 所示。课题组在实地走访中发现，青龙寺村贫困户对于这一扶持政策需求大，响应度高，精准到贫困户的产业生产项目对于贫困户精准脱贫的贡献十分明显。在这些生产项目的资金扶持下，2016 年 12 月青龙寺村已经实现了整村脱贫。除保留 30 户特别困难的贫困户（如低保户、"五保户"等），其他贫困户已经达到了省定脱贫标准。

表 6-18　青龙寺村精准扶贫产业发展项目信息

		项目	面积（亩）	预计收入（元）	项目	面积（亩）	预计收入（元）
种植业	原有	柑橘	176.1	158550	厚朴	1	0
		魔芋	14.1	20580	天麻	0.075	2500
		乌药	8.3	12000			
		核桃	5.1	0			
		元胡	6.5	23200			
		杏树	3	2400			
		七叶树	3	0			
		银杏	1	0			
		桃	9	8040			
		项目	面积（亩）	预计收入（元）	项目	面积（亩）	预计收入（元）
	新增	柑橘	54.5	0	西瓜	4.6	11000
		大樱桃	19.5	0	豇豆	8.3	7570
		核桃	23.3	0	魔芋	4	8000
		苹果	6.5	0	元胡	1	4000
		桃	3	0	乌药	2.8	13000
		木瓜	1	0	莲藕	3	3800
		苗木	3.8	0	四季豆	3.4	2500
		生姜	5.1	6920	银杏	2	0
养殖业	原有	项目	数量（头/只）	预计收入（元）	项目	数量（头/只）	预计收入（元）
		牛	30	27000	鸡	20	1280
		羊	378	18420			
	新增	项目	数量（头/只）	预计收入（元）	项目	数量（头/只）	预计收入（元）
		牛	24	16800	鸡	2793	42420
		羊	133	10380	猪	35	18600

四　精准扶贫政策实施的满意度分析

（一）村民对扶贫政策的基本认知

新一轮的扶贫政策在青龙寺村实施过程中，得到了广泛关注，农民对于精准扶贫的认知程度直接决定了政策推行的效果。本研究通过农户问卷调查，对青龙寺村村民对扶贫政策的基本认知进行了初步判断和分析。

1. 农户对扶贫政策的了解程度

在精准扶贫阶段，青龙寺村的扶贫工作涉及很多方面的扶贫政策。本研究在预调研后确定了在村层面对与村民密切相关的八个方面的扶贫政策进行调查。从问卷调查的结果来看，农民对于新型农村养老保险、新兴农村合作医疗的了解程度最高，其次是扶贫生产项目，对整村推进、扶贫搬迁、最低生活保障、"五保"供养等了解程度一般，对于扶贫信贷了解程度最低（见表6-19）。

表6-19 青龙寺村农户对扶贫政策的了解程度

单位：%

项目	很了解	比较了解	一般	不太了解	不了解
整村推进	0.00	55.00	40.00	3.75	1.25
扶贫生产项目	11.25	56.25	28.75	3.75	0.00
扶贫搬迁	1.25	41.25	40.00	16.25	1.25
新型农村合作医疗	23.75	61.25	15.00	0.00	0.00
新型农村养老保险	13.75	61.25	21.25	3.75	0.00
最低生活保障	2.50	31.25	38.75	25.00	2.50
"五保"供养	3.75	46.25	37.50	12.50	0.00
扶贫信贷	1.25	32.50	41.25	20.00	5.00

2. 农户对政府扶贫政策实施的认可情况

农户调查结果显示，青龙寺村农户对于政府扶贫政策实施过程中存在的问题反映如图6-9所示。首先，从调查结果可以看出，政策落实进度缓慢、基层政策执行不到位是当前扶贫政策实施过程中存在的主要问题。在调查中发现，农户对于各项政策落实的进度普遍表示执行进度缓慢，效率低下。例如贫困户生产扶持项目，政策落实的滞后导致种苗的延迟发放，错过了种植的最佳时机，农民种植业经营受到一定的影响。其次，政府帮扶方式不适宜也大大影响了精准扶贫在村层面的推行。例如政府为了鼓励"合作社 / 企业 + 农户"模式带动贫困户发展，专门设立了合作社 / 企业贫困户参与的专项资金。但由于手续烦琐和发放方式不适合，青龙寺村合作社和企业都未申请该专项资金，贫困户无法受益。此外，有33位被调查者反映政府支持力度不够也是扶贫政策实施中存在的问题之一。这主要是由于这些农户认为政府扶持资金有限，且脱贫后没有后续支持，对于日后返贫户没有支持政策，容易造成短期内脱贫后又返贫的现象。

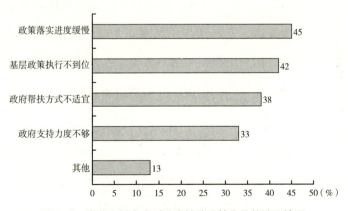

图6-9　青龙寺村农户对政府扶贫政策实施的认可情况

（二）村民对精准扶贫政策的满意度

本研究在调查青龙寺村农户产业精准扶贫满意度时，首先向被调查者说明了产业精准扶贫政策的范围，主要是精准扶贫生产项目（种植业、养殖业）、龙头企业带动、合作社扶持、农业技术培训、乡村旅游开发等政策措施。在介绍了这些政策范围后，通过问卷调查来分析样本农户的满意度。

根据农户调研发现，总体而言，青龙寺村农户对产业精准扶贫的满意度较高：81.25%的被调查者对产业精准扶贫表示"满意"，12.5%的农户表示"一般"，仅有6.25%的农户对产业精准扶贫政策表示"不满意"。具体而言，对于村里的贫困户，90%的被调查者对产业精准扶贫政策"满意"，7.5%的被调查者表示"一般"，仅有2.5%的农户对产业精准扶贫政策表示"不满意"；而对于非贫困户，72.5%的被调查者表示"满意"，17.5%的被调查者表示"一般"，10%的农户对产业精准扶贫政策表示"不满意"。由此可见，贫困户对产业精准扶贫政策的满意度明显高于非贫困户（见图6-10）。在实地调查中也发现，非贫困户中存在一部分人对于精准扶贫政策的实施不满意的情况，他们认为精准扶贫政策相对于以往的整村推进扶贫而言，对于贫困人口的倾向性太过明显，而村里的一部分建档立卡贫困户其实与一般农户的经济收入和生活条件差异不大，而这些政策只有贫困户才能受益，对于经济条件较差的非贫困户具有一定的不公平性。

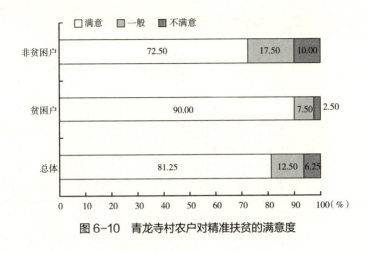

图 6-10　青龙寺村农户对精准扶贫的满意度

　　从农户调查结果来看，具体到各项产业扶贫政策，贫困户与非贫困户的满意度也呈现一定的差异。总体而言，样本农户对专业合作社的扶持政策满意度最高，实地调查也发现无论是贫困户还是非贫困户，都对合作社扶贫的效果表示十分满意，他们认为合作社所提供的柑橘加工和销售大大增加了自己的种植业收入。对于精准扶贫的生产项目，贫困户的满意度更高，而非贫困户的满意度低，二者差异较大。对于龙头企业的扶持政策则与精准扶贫生产发展项目的满意度刚好相反，非贫困户表现出了较高的满意度，这与之前分析的政策响应结果一致。此外，产业精准扶贫政策实施过程中，对于农业技术培训、乡村旅游项目的扶持，贫困户和非贫困户的满意度没有太大差异。这主要是由于这些政策扶持没有对贫困户和非贫困户产生差异性的扶贫效果，现阶段更多的是对青龙寺村整体发展的贡献（见图 6-11）。

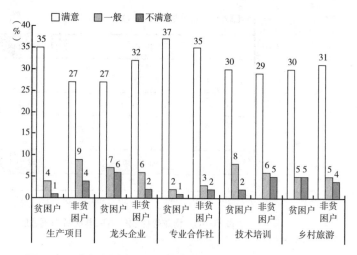

图 6-11　青龙寺村贫困户与非贫困户对产业扶贫政策的满意度

第五节　不同主体的产业发展需求分析

从前面的分析可以看出，青龙寺村精准扶贫政策对于村庄本身以及具体的农户而言，响应和政策效果有所不同。究其原因，是不同主体在产业发展方面的目标和需求不同所导致的。因此探讨村层面的产业精准扶贫机制，应该首先了解不同主体的产业发展目标和产业发展方面的具体需求。

通过村级座谈和访谈发现，对于村集体而言，产业发展的最终目标是实现整村脱贫，并壮大集体经济，寻找可持续增长点。具体而言，在精准扶贫的政策导向下，青龙寺村在实现"一村一品"的过程中，重点希望打造柑橘品牌。同时，招商引资发展乡村旅游也是未来产业发展的重点方向。同时，柑橘产业规模的扩大和提升是未来继续提升农民收入、摆脱贫困的主要途径（见图6-12）。

图6-12　走访贫困户

（雷硕拍摄，2016年3月）

课题组通过农户调查和访谈发现，对于贫困户而言，产业精准扶贫对于他们的意义更多的是帮助他们提升自身生产能力，让贫困人口拥有持续增加收入的能力，从而实现可持续脱贫的目标。具体而言，现阶段贫困户首先需要一定的资金支持作为产业发展的起步；其次需要通过技术培训慢慢摸索生产经验；再次，需要一些规模小、产业链短的产业项目来实现收入的提升，例如加入柑橘合作社实现小规模经营、管理和销售，从而提高生产收入；最后，对于特别困难的家庭，通过特殊的帮扶机制由其他主体带动摆脱贫困（见图6-13）。

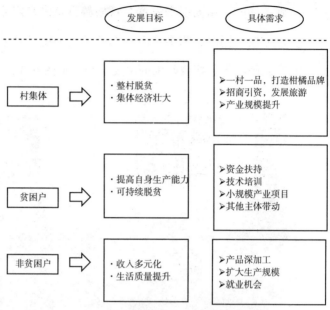

图6-13 青龙寺村不同主体的产业发展需求

对于非贫困户而言，他们已经摆脱了贫困的生活状态，并且具有一定的生产基础，因此其产业发展的目标是通过产业发展增加收入来源，通过实现收入多元化来增加收入，同时提高生活质量。具体而言，非贫困户在产业发展过程中更加需要自身生产经营的产业有机会进行产品深加工、扩大生产规模、形成一定的产业链。同时，他们希望在广阔区域的产业发展环境中，寻求更多的就业机会，从而提升产业发展方面的收入。

第六节　本章小结

青龙寺村地处偏远山区，从致贫原因来看，除了地理因素等客观原因，根据实际调查，目前青龙寺村贫困户致贫原因主要包括：因病致贫、因残致贫、因学致贫、缺技术致贫、缺劳力致贫、缺资金致贫、自身发展不足致贫等。

从收入情况看，农户调查显示，青龙寺村家庭人均年收入为8874元，人均纯收入为3876元。从贫困户和非贫困的收入比较来看，贫困户家庭人均年收入为5608元，远远低于非贫困户12140元的人均年收入水平，说明青龙寺村贫富差距非常大。从收入来源看，青龙寺村农民目前以工资性收入（48.34%）和经营性收入（31.55%）为主。非贫困户的经营性收入比重明显较大，这也是非贫困户相对贫困户收入较高的原因之一。而贫困户的财产性收入和转移性收入比重略高于非贫困户。

在村层面，产业发展政策主要包括企业帮扶、合作社帮扶、贫困户生产项目三个方面。农民对于各项政策扶持的具体响应有所不同。但无论是贫困户还是非贫困户，对于本村柑橘合作社的响应较高，反响较好。认为合作社提供的柑橘加工和销售服务提高了家庭收入。

总体而言，村民对产业扶贫政策的满意度较高，但具体到各项产业扶贫政策，贫困户与非贫困户的满意度也呈现一定的差异。调查显示，贫困户和非贫困户对专业合作社的扶持政策满意度最高；对于精准扶贫的生产项目，贫困户的满意度更高；对于龙头企业的扶持政策，非贫困户则表现出了较高的满意度；贫困户与非贫困户对于农业技术培训、乡村旅游项目的扶持政策满意度没有太大差异。

调研发现，不同主体对于产业发展的需求不同。对于村集体而言，当前的需求是重点打造柑橘品牌，同时发展乡村旅游。对于贫困户而言，产业精准扶贫对于他们的意义更多的是帮助他们提升自身生产能力，让贫困人口拥有持续增加收入的能力，从而实现可持续脱贫的目标。对于非贫困户而言，产业发展的目标是通过产业发展增加收入来源，通过实现收入多元化来增加收入和提高生活质量。

综上，从贫困户对政策的响应和实际政策需求来看，相对于大的产业发展政策，产业链较短、规模相对小的产业更能瞄准贫困人口，帮助其通过产业发展提升自我发展能力，可持续地摆脱贫困，因此在产业精准扶贫过程中可考虑"微产业、小循环"的产业扶贫机制，制定与之相适应的扶贫政策。

第七章

完善产业精准扶贫政策的建议

围绕 2018 年全面脱贫、2020 年同步进入小康社会这一目标，按照"精准扶贫，不落一人"的总体要求，突出产业发展在脱贫攻坚中的主导地位，以贫困村特色主导产业培育为重点，以贫困户脱贫为核心，以做大做强致富产业为支撑，促进扶贫产业大发展，实现贫困户稳定增收途径，确保每个有劳动能力的贫困户有一个增收项目，贫困户年人均可支配收入增幅高于全省农村居民可支配收入增幅，人均可支配收入水平超过省定扶贫标准，在 3 年脱贫攻坚基础上，再通过 2 年时间的巩固提高，到 2020 年，全县贫困人口同步进入小康社会。

第一节　产业精准扶贫的总体思路

全面贯彻落实党的十八大和十八届三中、四中、五中全会以及中央、省、市脱贫攻坚工作会议精神，牢固树立创新、协调、绿色、开放、共享五大发展理念，以加速"创业腾飞"和建设"六个城固"为统揽，突出追赶超越、转型升级、供给侧改革和多元提升主基调，按照"六个精准""五个一批"总体部署，培育壮大现代农业、航空制造、生物医药、现代材料、文化旅游、商贸物流六大优势产业，全面推进"五大脱贫攻坚行动""1+19"配套支持计划，进一步改善农村基本生产生活条件，进一步促进人力资源开发，加快体制机制创新，完善社会保障体系，转变经济发展方式，优化产业结构，坚决打赢产业脱贫攻坚战，确保2018年全县6.36万贫困人口全面稳步脱贫，2020年与全县人民同步进入小康社会。

一　产业精准扶贫的基本原则

一是坚持产业联动，创新发展。把带动贫困户增收致富作为产业扶贫的出发点和落脚点，创新产业扶贫新机制，发展和壮大优势产业、培育和扶持市场主体，盘活和流动社会资源，引导贫困户通过土地入股、联户经营、托管经营、劳务就业和参与发展等多种形式，建立市场主体与贫困户增收脱贫紧密联结的利益机制，最大限度带动贫困户稳定增收，探索"资金跟着贫困户走，贫困户跟着能人走，能人跟着产业走，产业跟着市场走"的产业脱贫新路子。

二是坚持突出特色，融合发展。充分发挥县域产业特色，结合贫困镇村资源优势，扶持商标品牌，做强产业基地，壮大龙头企业，延伸农产品加工、冷链仓储、物流运输、电子商务等产业链条，引导企业树立质量竞争意识和商标品牌意识，着力构建"一镇一业、一村一品、一户一策"产业体系，推进一、二、三产业融合、"接二连三"复合业态发展，创新特色产业脱贫新模式。

三是坚持市场导向，协调发展。推进供给侧改革，坚持以市场为导向，着重筛选一大批基础好、产业强、产业链条长、与贫困户联系紧密、扶贫积极性高的市场主体为合作对象，运用市场化方式聚集资金、人才和技术，支持和引导创建知名商标，发展名牌产品，培育和壮大区域特色主导产业，通过政府、市场和社会协同推进，实现产业发展壮大、市场主体盈利、贫困户受益、财税增收"四赢"目标。

四是坚持生态保护，绿色发展。城固县属南水北调中线工程水源涵养地之一。为确保一江清水永续北上，进一步加强县域生态环境综合整治，在推动产业发展脱贫攻坚时，应坚持开发与保护并重的原则，充分考虑片区的生态条件，要注重保护植被，控制水土流失，加强生态修复；坚持资源节约、环境友好，切实转变发展方式，积极探索产业绿色化、绿色产业化的路子，实现贫困地区的可持续发展。

二　产业精准扶贫的发展途径

形成适合贫困户产业发展的新型经营组织单元，探索产业精准扶贫发展途径。围绕"产业＋贫困户"模式，针对不同合作主体，探索创新不同的发展方式，带动贫困户参与产业发展相关环节和生产经营活动，帮助贫困户获得稳定收益，实现脱贫致富。

政府主导推动。按照省、市、县联动，省级统筹、市县组织、贫困户参与的原则，推行"政府（供销社）＋龙头企业＋合作社＋贫困户"或"政府（供销社）＋合作社＋贫困户"的产业精准扶贫模式。选择经营效益好、信誉度高、覆盖贫困户广、可持续发展能力强的涉农企业或专业合作社开展经营合作，将财政专项扶贫资金与供销社经营资金捆绑，集中投资，共同发展壮大特色优势产业。把财政扶贫资金折股虚拟量化到具体贫困户，特别是丧失劳动能力的贫困户，按照一定比例的委托投资股权收益给贫困户分红，在确保扶贫资金保值增值的同时帮助贫困户获得资产收入。

龙头企业拉动。推行"龙头企业＋合作社＋贫困户"或"龙头企业＋贫困户"的产业脱贫模式，紧扣三大重点脱贫致富。一是产业脱贫。以产业为主导，由扶贫龙头企业流转贫困户土地资源发展适度规模产业基地，进行集约经营，贫困户通过流转土地、参与发展和优先务工从龙头企业获得多项收入实现脱贫。二是订单脱贫。以订单为联结，由龙头企业和贫困村、贫困户签订农产品购销协议，贫困村、贫困户按照合作企业要求，提供生态优质原产品，合作企业托底收购，合作共赢，实现脱贫。三是技能脱贫。以技能为支撑，由扶贫龙头企业根据业务需要对贫困户进行技能培训后签订用工合同，安排上岗就业，在龙头企业取得劳务收入，实现脱贫。

合作组织互动。推行"农民专业合作社＋公司＋贫困户"或"农民专业合作社＋贫困户"的产业脱贫模式。贫困户以土地、山林等资源组成合作社或入股合作社，参与产业发展，在合作社产业发展中取得劳务、股权收益或分工协作经营收入，帮助贫困户稳定增收最终脱贫。

能人大户联动。推行"能人大户＋公司（合作社）＋贫困户"或"能人大户＋贫困户"的产业脱贫模式。鼓励本地群众创业兴业、外出人员返乡创业、外来人员投资兴业，鼓励能人大户通过合作、入股、劳务等方式流转土地、组建合作社、成立劳务组织，吸收、组织、带领贫困户增收脱贫。

商标品牌带动。推行"商标（品牌）＋涉农企业（合作社）＋贫困户"或"商标（品牌）＋贫困户"的产业脱贫模式。大力开展商标品牌战略，发挥"城固柑橘"商标价值，鼓励企业和农户注册和使用涉农商标，参与知名品牌创建，提升农产品附加值和市场竞争力，促进农村经济发展，增加贫困人口收入；开展商标专用质押融资贷款工作，把商标无形资产变成贫困户创业发展的有形资金，推荐县域名优产品申报省市名牌产品，带动贫困户走质量效益型发展道路。

景区、园区牵动，推行"景区（园区）+企业（合作社）+贫困户"或"景区（园区）+贫困户"的产业脱贫模式。鼓励贫困户充分利用景区、园区优势，发展休闲观光、特色餐饮、工艺品制作、加工销售、商贸物流等配套服务业增收脱贫；引导乡村旅游开发公司、各类农家经营主体、能人大户优先使用贫困户劳动力参与生产经营，优先委托贫困户开展订单生产，帮助贫困户通过务工、服务等方式增收脱贫；支持没有自主生产能力或向外发展条件的贫困户通过土地、山林资源股份合作、委托经营等方式获得资产收益增收脱贫。

第二节　产业精准扶贫的发展方向和重点

转变贫困村生产方式、经营方式和资源利用方式，做强特色主导产业，大幅提升贫困村农业产业效益，积极构建一、二、三产业融合发展的贫困村产业发展新体系，多措并举拓宽贫困人口增收渠道。

一　壮大特色农业产业

立足贫困村耕地、园地、林地、山塘水库等资源优势，综合区位、交通、环境等因素，以市场为导向，因地制宜，科学规划，合理配置生产要素，调整产业结构，优化产业布局，培育壮大"八大农业产业"，带动贫困人口脱贫致富。

提高粮油生产能力。以文川镇、龙头镇、老庄镇等镇为重点区域，发展绿色有机稻米；以原公镇、文川镇、龙头镇、上元观镇、董家营镇等镇为重点区域，发展"双低"油菜生产。实施稻油高产创建和稻油一体化工程，加快高产技术集成配套应用推广，扩大订单农业覆盖面，推进专业品种集中连片种植，提升专收、专储、专加工水平，不断扩大绿色有机粮油生产规模，提升粮油产品档次，打响"汉中粮油"优质品牌。

做精做优果品产业。以博望街道办、文川镇、柳林镇等镇为重点区域，抓好葡萄种植生产；以莲花街道办、文川镇、沙河营镇、柳林镇、小河镇、原公镇等镇为重点区域，抓好猕猴桃种植生产；以莲花街道办、文川镇、老庄镇、桔园镇、龙头镇、原公镇等镇为重点区域，抓好柑橘种植生产；以文川镇、柳林镇、董家营镇等镇为重点区域，抓好桃种植生产。优化种植区域布局和品种结构，淘汰老化、低效品种，引进推广高效、优质品种，推广果园增施有机肥和"灯、板、带"无害化防治等关键技术，发展果畜循环模式，加大标准化示范园建设，提升果品质量。积极发展果品精深加工和果园休闲观光，延长产业链条，增加附加值。

壮大畜禽养殖产业。以适度规模养殖为重点，在原公镇、三合镇、五堵镇等地发展生猪养殖；在五堵镇、龙头镇、三合镇等地发展禽类养殖；在五堵镇、小河镇、二里镇、双溪镇、龙头镇、老庄镇等地发展肉牛、肉羊养殖。加快品种改良、疫病防控和粪污无害化处理，大力推广适度规模化养殖、规范化管理，采取"企业＋种养大户＋贫困户"的模式，带动发展一批畜禽养殖示范户，带动贫困户家庭养殖业发展。

发展蔬菜产业。以博望街道办、三合镇、原公镇等镇为重点区域，发展时令、新鲜、精细、高档蔬菜，确保本地市场需求；以三合镇、原公镇、文川镇、二里镇等镇为重点区域，发展以青笋、蒜苗、大葱、蒜薹、芹菜、菜花、马铃薯、香菜、山药等品种为主的外销精细菜生产区，全力向新疆、甘肃、宁夏等西北地区供菜；以天明镇、二里镇、五堵镇、小河镇、双溪镇为重点区域，发展香菇、木耳南北山区生产区；以三合镇、原公镇为中心，发展城郊平菇、鲜食香菇、姬菇生产区；以龙头镇、桔园镇为重点，大力发展有机莲菜种植等。通过优化品种结构，推进设施化栽培，扩大专业蔬菜种植面积；发展春提早和秋延后栽培，不断扩大特色蔬菜、反季节蔬菜、时令蔬菜种植，提高复种指数，增加单位面积产量和效益；加快无公害、绿色、有机基地和地理标志认证，强化营销网络，提高组织化销售水平，促进产业升级。

做大做强茶产业。以天明镇、三合镇等镇为重点区域，在二里镇、五堵镇、董家营镇大力发展茶叶种植加工，形成茶叶生产带。大力推进优势茶园建设，着力构建抓好南部山区茶产业带建设，新建无性系茶园 1.5 万亩以上，低产改造 1 万亩；提升茶叶加工企业科研创新及生产能力，改进制茶生产工艺，开发利用夏秋茶，研发青茶和红茶。鼓励企业到国内大中城市开设"汉中仙毫"专卖店、连锁店、加盟店，扩大市场占有率；加快发展茶园休闲旅游。

鼓励发展中药材种植业。以五堵镇、双溪镇、二里镇、三合镇、董家营镇等镇为重点区域，大力发展中药材种植。加快中药材合作社建设，制定标准操作规程，指导农户规范化种植，建立标准化、规模化中药材基地，建立稳定的生产、加工、销售产业链条。到 2018 年，发展元胡、银杏、乌药等中药材基地 18 万亩，创建"城固元胡"国家地理标志，带动贫困户 1285 户，贫困人口 4050 人。

壮大水产养殖业。以小河镇、三合镇、双溪镇、龙头镇、文川镇等为重点区域，大力实施大鲵驯养繁殖、无公害水产品养殖和水产良种繁育基地建设，加强水产科技支撑体系和专业合作社组织建设，提升扶贫对象自身能力。

发展林业经济。以博望街道办、莲花街道办、沙河营镇、柳林镇、董家营镇、上元观镇等为重点区域，发展花卉苗木基地；以董家营镇、老庄镇、原公镇、桔园镇、双溪镇、五堵镇等镇为重点区域，进行造林、封山育林、低效林改造等；培育新林业龙头企业、木本油料加工产业园区、市级林业产业园区等；大力发展林下经济，建设核桃经济林、以油用牡丹为主的木本油料林、红豆杉经济林等；发展香菇、茯苓、天麻等林下种植业，带动贫困户脱贫。

二 加快发展工业产业

以骨干企业为龙头，围绕乡村资源开发农产品，提升附加值延伸产业链条，促进产业提质增效，带动贫困人口脱贫。

发展农产品加工业。加快实施涉农招商和企业技改，以蔬菜储藏保鲜、肉类加工、中药材饮片加工、夏秋茶开发、果汁果酒开发、大鲵系列产品开发、生物提取等为重点，支持引导天然谷、白云公司等龙头企业实施技术创新和技术改造，开展农产品精深加工。鼓励企业通过品牌嫁接、资本运作、产业延伸等方式联合重组，提高企业市场竞争力，扶持培育一批产业集中度高、带动力强、示范作用好的农产品精深加工企业，带动贫困村茶叶、香菇、木耳、杂果、中药材、生态畜禽等产业的深度开发，打造优质农产品原料生产基地，培养涉农商标，延伸产业链条，提高附加值。

发展光伏脱贫产业。抢抓中省光伏扶贫政策机遇，以平川地区贫困村为重点，鼓励贫困户利用屋顶及闲置光照空间建设规模3000瓦或5000瓦的分布式光伏扶贫电站。加大贫困村电网改造力度，制定并网运行和电量消纳方案，提供接网和并网运行技术保障，确保优先上网和全额收购。

鼓励发展小微加工业。大力实施"大众创业、万众创新"战略，通过金融信贷、信用担保等方式，鼓励有发展意愿的贫困户创业。围绕地方特色、手工品制造等，支持发展一批示范带动能力强、集聚辐射效应高、就业增收效果好的小微企业。鼓励贫困户以生产要素入股参与兴办农产品加工企业，完善"利益捆绑、责任共担"联结机制，促进贫困户稳定增收。围绕乡村旅游、商贸物流、电子商务，培育壮大经营主体，推动服务业规模化、品牌化和网络化经营，构建城乡协同发展的服务产业体系，发挥服务业带动效应，促进贫困户增收致富。

加快旅游业发展。以全域旅游为主线，依托城固县良好的自然生态、田园风光、民俗文化、乡村旅游等资源，大力开发生态休闲、观光体验、度假康养、滨水娱乐、农家体验等旅游项目。一是加快景区景点建设。打响张骞品牌，推进张骞文化园项目建设；整合南沙湖区域旅游资源，深入挖掘和展示地母文化，推动旅游产业和文化产业融合发展；加快上元观古镇综合开发，打造陕南知名古镇；加快古路坝西北联大旧址、合丰桃园、优质猕猴桃基地、丝路花海等旅游资源建设，打造西北著名的文化生态休闲胜地；整合桔园景区周边郭家山、五门堰、庆山、韩家祠堂、青龙寺等景点，构建桔园旅游观光环线；依托汉中航空智慧新城，积极培育航空旅游，开发建设飞行家乐园航空旅游项目。二是加快实施乡村旅游。深入挖掘贫困村生态环境和特色文化资源，通过旅游项目开发，组织旅游经营业务，以及帮助宣传推介、组织客源、劳务合作、送教上门、定点采购农副产品等多种方式，帮助贫困村发展乡村旅游脱贫；鼓励旅游企业投资开发贫困村的旅游项目，加快贫困村交通、停车场、旅游厕所等配套设施建设。三是开发旅游产品。积极开发刺绣，引导贫困村、贫困群众依托农产品基地开展观光采摘、休闲娱乐等旅游活动；整合相关镇村水库、湖泊、河流域等水资源，形成串珠式集休闲、垂钓于一体的休闲观光环线。

积极发展商贸流通业。优化商业网点，加快商贸流通设施建设，构建现代商贸流通产业体系。加快推进城固元胡交易中心、张粤综合市场、小河桥蔬菜瓜果批发市场升级、石家坝农贸市场综合开发、粮油市场改造等项目建设。依托小城镇、景区、园区等新兴聚集区人口聚集优势，鼓励发展餐饮、住宿、娱乐等服务业。大力实施镇超工程，鼓励连锁企业向社区和农村延伸，积极推进农副产品、农村日用消费品、农业生产资料、再生资源等农村商贸流通网络建设，构建便利化服务体系，促进城乡商贸一体化发展，带动贫困户参与商贸流通领域。

鼓励发展社区服务业。围绕社区居民生活需求，推进农村公共服务体系建设。建立和完善社区配套设施、综合服务网点和社区网格化信息服务平台，发展社区卫生、文化、教育、体育、法律、治安等便民社区服务；积极推进社区服务中心、社区菜店、家政服务网点、放心早餐网点等项目建设，加大创业资金扶持力度；支持社会力量参与休闲养生与养老服务，鼓励社会资本兴办养老服务机构，大力发展以家庭服务、社区照料服务、养老服务和病患陪护等为重点的家政服务；强化技能培训，做好工作推介，促进就业增收。

加快发展电商服务业。推进电商产业脱贫模式，通过改善贫困村网络基础设施、搭建电商平台、开发电商产品、培养电商人才、畅通物流渠道等措施，帮助贫困村、贫困户把资金、技术、管理"引进来"，把资源、产品、服务"卖出去"，帮助贫困户稳定增收，实现脱贫。到2018年实现各镇电商企业全覆盖。一是培育电商经营主体。制定优惠扶持政策，吸引国内知名电子商务企业为城固县特色产品搭建电商展销平台，鼓励电商配套服务企业入驻，培育建设集商品贸易、平台运营、物流配送、融资支持、软件开发、人才培训等多功能、多业态于一体的电子商务示范基地；大力培育区域电子商务骨干企业，支持品牌企业、中小商贸企业、个体商户利用第三方平台开设网店，创建城固特色的网上零售品牌，集中展示、宣传推广城固名优特色产品。二是开发电商产品。围绕优势特色产业，重点打造适宜网络销售的产品，如茶叶、魔芋、腊肉、土蜂蜜、大米、林果、香菇、木耳、蚕丝制品、手工艺术品等特色产品，大力开发生态、绿色、休闲、养老等旅游产品，通过电商企业运作，使网络平台成为产业精准扶贫的重要途径；培育一批集商品销售、交易支付、售后服务于一体的商品销售服务综合平台，积极与阿里巴巴、京东、一号店等全国知名电商平台合作，发展城固特色电商经销平台，集中展示、推介、销售城固县特色产品，以电商销售拉动产业发展，通过产业发展带动贫困户增收。三是完善配送网络。大力发展第三方物流，鼓励电商企业自建或与第三方物流企业合作，构建城乡一体的综合配送体系；积极引进一批知名快递物流企业在城固县设立分公司、客服中心或转运分拨中心，拓展同城快递、乡村配送、生鲜配送等特色业务；积极开发邮政、供销、民营快递公司等物流资源，加快建立市、县、镇、村四级物流配送体系，在镇、村设立电子商务服务站点，配建物流配送网点和金融支付网点，逐步实现网上订货、配送、结算的农村流通新模式，打通"农货进城""网货下乡"双通道，构建电商精准脱贫新模式。

三 推进一、二、三产业融合

适应经济发展新常态，不断延伸农业产业链、价值链，全面推进第一产业向第二、三产业延伸，第二产业前延后伸，第三产业主导全产业链开发，完善农工贸相结合的现代农业产业体系，构建农村三次产业互联互通、有机融合、农企互利共赢的发展格局。

"农业＋工业＋服务业"。依托柑橘、蔬菜、中药材、肉品等特色农产品资源，积极实施农产品产地加工战略，努力提高就地商品化处置能力。加强农产品流通市场体系建设，鼓励和支持建设蔬菜、畜牧、水果和水产品等冷链物流设施，引导各类投资主体新建和改造农产品批发市场、农贸市场、社区市场，不断加强和规范流通市场秩序。支持发展农产品网上交易，大力推进以农超对接为方向、农校对接为主体、农社对接为组成的产销对接活动，形成种植—加工—销售的全产业链，带动贫困人口参与产业链各个环节，拓展贫困户脱贫致富途径。

"农业＋旅游"。实施"一镇一业""一村一品"的休闲农业示范点和乡村旅游建设，推进农业与旅游产业深度融合。加快开发丝路花海、东旭园林、山花茶园、勇帆农业、一品农庄、永基夹心岛、龙凤山居、白龙山庄等休闲农业示范点，大力发展各具特色的农家乐、休闲农业示范点、休闲农庄、生态旅游景区，建成一批特色文化鲜明、娱乐设施齐全的休闲农业精品园。充分利用油菜、柑橘、猕猴桃、茶叶等特色产业资源，大力发展休闲观光和健康养老产业，倾力打造上元观古镇和原公传统村落，深度融合历史文化沉淀，积极开发宝山遗址、古路坝遗址，丰富农事体验内涵，将农业功能向经济功能、社会功能、政治功能、文化功能和生态功能等多功能拓展，拉动消费升级，推进三产融合，带动贫困户就业增收。

　　"农业＋互联网"。围绕香菇、木耳、蜂蜜、茶叶等特色农产品市场拓展，大力实施"互联网＋现代农业"行动，依托格瑞森"老乡网"、邦利公司、天汉农家等电商龙头带动，大力发展农产品电子商务，完善配送及综合服务网络，加强仓储、流通业态发展，规范物流配送公司、网店管理。积极营造良好环境，鼓励和支持农业生产服务业、农村租赁业、农村服务业发展，积极探索农产品个性化定制服务、会展农业、农业众筹等新型业态，引进和培育职业农民、农产品经纪人、销售经理、电子信息维护员、社会事物管理员等人才。

　　"工业＋服务业"。加快"一城两园"基础设施建设，提升园区承载能力，吸引配套产业入园发展，增大园区产业规模，增加园区内的就业岗位，鼓励企业通过技能培训等方式，为贫困人口提供就业岗位。依靠园区发展的聚集效应，加强周边小城镇建设，发展为企业配套的物流业，发展为企业员工配套服务的商贸、餐饮、住宿等产业，拓宽贫困户创业就业渠道，促进贫困户增收。

第三节　产业精准扶贫的制度保障

一　提升贫困人口素质

把提高劳动者综合素质和培养自我发展能力作为促进贫困人口就业与农村人力资源开发的着力点，大力发展劳务经济，积极推进农村劳动力转移和农村人力资源开发。

强化贫困人口自立意识。将"扶贫先扶志、治穷先治愚"作为产业脱贫的首要任务，在精神上关心困难群众，积极引导他们正视困难、转变观念、自立自强，并不断通过教育扶贫、技能培训，增强其致富本领，帮助贫困人口摆脱悲观、畏难、懒惰等不健康心理，克服"等、靠、要"不良思想，正确处理好自力更生、艰苦奋斗与国家扶持的关系，提振精气神，调动积极性，变"要我脱贫"为"我要脱贫"，增强自我"造血"功能，与全县人民同步进入小康社会。

提升贫困户就业能力。瞄准全县101个贫困村、6.36万贫困人口，围绕市场需求和劳动者意愿实施培训。建立贫困劳动力免费培训制度，做好贫困村劳动力就业技能、"两后生"学历教育、劳务品牌、实用技术、创业能力、岗位技能培训。对贫困人口进行培训，确保每个贫困家庭至少有1人掌握1门致富技能，实现技能提升培训全覆盖。瞄准贫困户的主要劳动力，通过引导性培训和技能型培训，提高其技能水平。积极开展劳务输出信息服务，畅通就地转移就业，鼓励能人带动务工，通过组织引导等措施，助推本地能人带领贫困村劳动力外出务工，持续增加农民工资性收入。吸引"乡贤"和能人返乡投资创业，建立健全创业激励机制，制定落实创业优惠政策，走技能培训、劳务输出、返乡创业、发展经济的新路子。

创新贫困户就业机制。一是拓宽就业渠道。加快构建创业公共服务和社会服务体系，为创业人员提供多方面的基本服务。重点扶持一批符合产业发展方向、创业示范作用强的创业项目，设立专项资金予以支持。开发就业岗位，鼓励县内企业优先招收贫困劳动力就业。大力发展劳动密集型企业、服务业、小型微型企业，创造就业机会。开辟公益性岗位，支持自主创业、自谋职业，以创业带就业。积极拓宽区域外异地就业渠道。二是促进转移就业。建立城乡就业一体化机制，开展农村转移就业劳动者的继续教育、职业培训，提高贫困人口转移就业的城市适应能力。缩小农村转移就业劳动者与城镇居民在享受子女入学、就医、住房和社会保障等城市公共服务方面的差距，促进转移就业劳动者融入城市。实施阳光工程培训。三是搭建创客平台。鼓励、支持创客到贫困村创业兴业，通过构建"创新链、产业链、资本链"产业生态系统，培育"创新研发、创业孵化、产业示范、科技服务、综合配套"五位一体新发展模式，打造"特色产业＋互联网＋金融资本"产业互联网发展核心路径，挖掘贫困村特色优势资源，壮大优势主导产业，提高农产品附加值，拓展销售市场，把贫困村发展成为大众创业的栖息地和万众创新的聚集区，实现贫困村、贫困户稳定发展致富。

二 改善生产生活条件

按照城乡统筹、布局合理、节约土地、功能完善、以大带小的原则，全面适应城镇建设开发的现实要求，构建城乡互促共进、区域协调发展的新型城镇体系，促进农业转移人口进城落户、棚户区和城中村改造、农村富余劳动力转移城镇，解决9.6万人的城镇化问题。

完善集镇基础设施。抓好15个镇建设，重点推进柳林省级重点示范镇、桔园市级重点示范镇，上元观、董家营、五堵、文川、二里五个县级重点镇基础设施建设，加快上元观古镇保护开发。抓好建制镇道路、排水、给水、路灯、公厕、市场、广场等基础设施建设；做好沙河营镇等16个镇（办）污水处理设施及管网建设，沙河营镇、董家营镇等17个镇（办）垃圾中转站、垃圾填埋设施建设。

统筹布局并加快建设标准化教育、医疗卫生、文化体育、社会保障等公共设施，不断提高基本公共服务的保障能力。坚持"覆盖广、保基本、多层次、可持续"的原则，加快公共财政支出结构调整，加大对教育、医疗卫生、住房、养老等公共服务领域支出投入，支持公共服务体系建设，逐步构建覆盖城乡、功能完善、分布合理、管理有效的基本公共服务体系。加强基本公共服务制度建设，改革基本公共服务体制机制，建立健全民生保障的长效管理机制，提高公共服务水平。

建设美丽乡村。以建设村新、景美、业盛、人和的幸福家园为目标，打造"村容整洁、生态秀美、文化鲜明、设施完善、宜业宜居"的美丽乡村，实现人与自然和谐共生。实施"生态人居建设行动"，开展农村土地综合整治，全面整治农村闲置住宅、废弃住宅、私搭乱建住宅，推进农村人口集聚。利用山水、田园等自然景观和绿色生态资源，开展"绿色村庄"创建活动，构建绮丽山水、美丽田园、绿色村庄相得益彰的农村生态体系。加快农村基础设施建设。实施"生态环境提升行动"。推进改路、改水、改厕、垃圾处理、污水治理、村庄绿化等项目建设，构建优美的农村生态环境体系。重点整治村庄环境，实施"生态经济推进行动"，构建高效的农村生态产业体系。重点发展乡村生态农业，推广"一池三改"技术，推广应用商品有机肥，实施"农药减量控害增效"工程，促进农业清洁化生产。积极发展乡村旅游及低耗、低排放工业等生态型产业，推行"循环、减降、再利用"等绿色技术，不断壮大村域经济实力。实施"生态文化培育行动"。加强生态文明知识普及教育，增强村民的可持续发展观念，构建和谐的农村生态文化体系。弘扬地方特色的山水文化、田园文化、饮食文化、红色文化等，打造一批历史文化名村和传统村落。

改善生产生活环境。按照优化干线路网、完善农村公路的思路，以"连接、升级、网络化"为重点，改造境内国道，提高国道通行能力；改造县乡公路、通村公路，构建安全、舒适、便捷的农村交通网络。抢抓"宽带中国"的政策机遇，推进光纤入村入户，提高宽带网络普及和接入能力；大力推广互联网、物联网、云计算、大数据在贫困地区的应用，不断提升贫困村通信业务服务质量和水平；支持贫困村扩大无线网络覆盖面，实现有线、无线优势互补。

推进移民搬迁。以统筹城乡发展为主线，全面加大移民搬迁和农村危房改造力度，加强保障性住房建设，加快棚户区改造。到 2020 年，全面完成地灾移民、洪涝灾害移民、扶贫移民、生态移民、工程移民，将移民搬迁安置区建成社会主义现代化移民新村。

三 构建公共服务体系

统筹各类公共服务资源，加大城乡之间、区域之间的合理配置，按照以人为本、服务为先、均衡配置、资源共享的原则，面向贫困村集中实施一批民生工程，推进基本公共服务均等化。

推进教育脱贫。构建覆盖全县所有学段贫困学生的帮扶工作机制。落实对免费教育阶段贫困家庭学前一年在园幼儿每年给予一定标准的生活补贴，对义务教育阶段贫困家庭寄宿生按照一定标准给予生活补贴等政策，对贫困家庭的普通高中和中等职业学校在校生免除学杂费，发放补助。教育经费继续向贫困地区倾斜，"三支一扶"（支农、支教、支医和扶贫）从教计划、特岗计划、国培计划向贫困村倾斜。制定符合基层实际的教师招聘引进办法，建立统筹乡村教师补充机制，推动城乡教师合理流动和对口支援，实行优质学校向贫困地区学校结对等帮扶措施。

实施医疗救助。对无劳动能力的贫困人口，由政府全额出资参加新型合作医疗。门诊统筹率先覆盖所有贫困地区，建立贫困人口健康卡，对贫困人口大病实行分类救治和先诊疗后付费的结算制度。将贫困人口全部纳入重特大疾病救助范围。对新型农村合作医疗、大病保险、重特大疾病救助等支付后自付费用仍有困难的贫困户，再进行临时救助。加大农村贫困残疾人康复服务和医疗救助力度，扩大纳入基本医疗范围的残疾人医疗康复项目。全面实施贫困地区儿童营养改善、新生儿疾病免费筛查、妇女"两癌"免费筛查、孕前优生健康免费检查等重大公共卫生项目。

健全社会保障。加快完善城乡居民基本养老保险制度，建立健全留守儿童、留守妇女、留守老人和残疾人服务体系，推行农村低保标准与扶贫标准的"两线合一"。

对确无劳动能力的贫困人口应保尽保，差额按照脱贫标准补齐。实行渐退低保帮扶，对当年超过低保标准但收入尚不稳定的农村家庭，延续 12 个月低保政策，其中残疾人家庭可再适度延长救助时限。加大临时救助制度的落实力度，帮助农村贫困群众应对突发性、紧迫性和临时性基本生活困难。加强供养服务机构建设管理，完善农村养老服务"托底"措施，将农村"三无"老年人全部纳入"五保"供养范围。全面推进农村互助养老设施建设，确保每个贫困村建成农村幸福院。

发展文化扶贫。一是全面建成村文化服务中心。整合惠民政策、部门资源、乡土文化人才，完成 101 个贫困村的综合性文化服务中心（乡村大舞台）建设任务，提高贫困村公共文化服务体系建设整体水平。二是完成有线电视覆盖工程。三是推进广播电视"户户通"工程。对居住分散，有线电视难以覆盖的地方采用直播卫星（"户户通"）方式覆盖。

四 完善政策保障机制

建立产业引导奖补资金，各类产业项目重点向贫困村、贫困户倾斜，发挥集约效应，逐年度、逐项目投入贫困村、贫困户建设。一是加大财政扶贫力度。每年按照不低于地方一般预算收入 2% 的比例安排专项扶贫项目，确保每年增长不低于 20%，压缩的"三公"经费主要用于脱贫攻坚。加强扶贫资金监督检查和审计稽查工作，规范使用流程，完善监管制度，保障资金在阳光下运行。二是加大金融脱贫力度。充分发挥金融机构的扶贫开发支持作用，建立贫困地区发展基金和农产品信用担保公司，搭建融资平台，逐年增加贫困地区精准扶贫财政担保基金和风险补偿基金。向有产业发展意愿和条件的贫困户，提供5万元以下、2年内免担保和免抵押、县财政按年利率6%贴息的小额贷款。用足扶贫再贷款规模和利率优惠政策，重点支持贫困地区发展。支持涉农金融机构延伸服务网络，实现金融机构镇（办）全覆盖，金融业务行政村全覆盖。三是加大部门协调力度。创建良好的投融资环境，积极吸纳贫困群众就业的企业，带动产业精准扶贫工作，要对景区、园区、龙头企业、合作组织建设实行前置规划审批，重点扶持能够带动贫困村、贫困户增收致富要求的好项目。完善脱贫开发用地政策，落实各部门、镇（办）主体责任，根据市场需求，因地制宜地为贫困村、贫困户选准发展产业；支持并培育各类自主创业主体，落实扶持政策，提供优质服务。

五 加强组织考核检查

县政府成立产业发展脱贫攻坚领导小组，由县政府分管领导任组长，县扶贫、发改、财政、交通、水利、农业、林业、科技、国土、人社、经贸、文广、供销社、信用社等相关部门和组织为成员，领导小组办公室设在县脱贫指挥部。各成员单位要充分发挥职能作用，各司其职，密切配合，确保产业精准扶贫工作有序、有效推进。要建立联席会议工作机制，定期研究解决工作推进中的矛盾问题。各镇（办）要成立相应工作机构，统筹谋划好区域内产业脱贫攻坚工作，研究解决具体问题，精心组织，周密部署，全力推进产业脱贫攻坚工作。

县政府将产业脱贫攻坚工作纳入年度考核工作内容，产业脱贫成效计入镇（办）、部门三年脱贫考核。对产业扶贫工作表现突出的镇、部门给予表彰奖励，并在项目资金安排上予以倾斜，对重视不够、工作滞后的镇、部门予以通报批评，在年度考核中不得列为先进，并扣减相应的项目资金。

参考文献

〔美〕阿瑟·奥肯:《平等与效率——重大的抉择》,王奔洲译,华夏出版社,1987。

〔美〕保罗·萨缪尔森、〔美〕威廉·诺德豪斯:《经济学》,萧琛译,人民邮电出版社,2004。

陈立中:《转型时期我国多维度贫困测算及其分解》,《经济评论》2008 年第 5 期。

陈希勇:《山区产业精准扶贫的困境与对策——来自四川省平武县的调查》,《农村经济》2016 年第 5 期。

党国英:《贫困类型与减贫战略选择》,《改革》2016 年第 8 期。

邓维杰:《贫困村分类与针对性扶贫开发》,《农村经济》2013 年第 5 期。

方迎风:《中国贫困的多维测度》,《当代经济科学》2012 年第 4 期。

葛志军、邢成举:《精准扶贫:内涵、实践困境及其原因阐释——基于宁夏银川两个村庄的调查》,《贵州社会科学》2015 年第 5 期。

贡保草:《论西部民族地区资源型产业扶贫模式的创建》,《西北民族大学学报》(哲学社会科学版)2010 年第 3 期。

黄承伟、覃志敏:《我国农村贫困治理体系演进与精准扶贫》,《开发研究》2015年第2期。

黄承伟、覃志敏:《论精准扶贫与国家扶贫治理体系建构》,《中国延安干部学院学报》2015年第1期。

黄新星:《民族地区扶贫产业及其政策研究——以湘西地区为例》,吉首大学硕士学位论文,2012。

李鹍、叶兴建:《农村精准扶贫:理论基础与实践情势探析——兼论复合型扶贫治理体系的建构》,《福建行政学院学报》2015年第2期。

李培林、魏后凯主编《中国扶贫开发报告(2016)》,社会科学文献出版社,2016。

刘解龙:《经济新常态中的精准扶贫理论与机制创新》,《湖南社会科学》2015年第4期。

刘胜林、王雨林、庄天慧:《基于文献研究法的精准扶贫综述》,《江西农业学报》2015年第12期。

罗江月、唐丽霞:《扶贫瞄准方法与反思的国际研究成果》,《中国农业大学学报社会科学版》2014年第4期。

马尚云:《精准扶贫的困难及对策》,《学习月刊》2014年第10期。

莫光辉:《精准扶贫:中国扶贫开发模式的内生变革与治理突破》,《中国特色社会主义研究》2016年第2期。

唐丽霞、罗江月、李小云:《精准扶贫机制实施的政策和实践困境》,《贵州社会科学》2015年第5期。

唐任伍:《习近平精准扶贫思想阐释》,《人民论坛》2015年第30期。

汪三贵、郭子豪:《论中国的精准扶贫》,《贵州社会科学》

2015 年第 5 期。

王国勇、邢溦:《我国精准扶贫工作机制问题探析》,《农村经济》2015 年第 9 期。

王介勇、陈玉福、严茂超:《我国精准扶贫政策及其创新路径研究》,《中国科学院院刊》2016 年第 3 期。

王小林、Alkire:《中国多维贫困测量:估计和政策含义》,《中国农村经济》2009 年第 12 期。

维杰:《精准扶贫的难点、对策与路径选择》,《农村经济》2014 年第 6 期。

卫松怡:《河南省洛宁县政府扶贫开发模式研究》,广西师范大学硕士学位论文,2010。

谢谦:《郴州市安仁县产业扶贫发展研究》,湖南师范大学硕士学位论文,2013。

徐翔、刘尔思:《产业扶贫融资模式创新研究》,《经济纵横》2011 年第 7 期。

杨颖、田东林、路遥:《云南边疆民族地区扶贫开发研究》,《当代经济》2012 年第 6 期。

张全红、张建华:《中国农村贫困变动:1981-2005——基于不同贫困线标准和指数的对比分析》,《统计研究》2010 年第 2 期。

赵俊超:《扶贫开发理论与实践》,中国财政经济出版社,2005。

周伟、黄祥芳:《武陵山片区经济贫困调查与扶贫研究》,《贵州社会科学》2013 年第 3 期。

左停、杨雨鑫、钟玲:《精准扶贫:技术靶向、理论解析和现实挑战》,《贵州社会科学》2015 年第 8 期。

Amartya S., "Poverty: An Ordinal Approach to Measurement,"

Econometrica（1976）.

Chakravarty S. R., Deutsch J. and Silber J., "On the Watts Multidimensional Poverty Index and Its Decomposition," *The World Development* (2008).

David Bigman, P. V. Srinivasan, "Geographical Targeting of Poverty Alleviation Programs; Methodology and Applications in Rural India," *Journal of Policy Modeling* 24 (2002).

R. Li Y. , H. L. Long and Y. S. Liu, "Spatio–temporal Pattern of China's Rural Development; A Rurality Index Perspective," *Journal of Rural Studies* 38 (2015).

Remy Canavesio, "Formal Mining Investments and Artisanal Mining in Southern Madagascar: Effects of Spontaneous Reactions and Adjustment Policies on Poverty Alleviation ," *Land Use Policy* 36 (2014).

Sanfo S., Gérard F., "The Case of Agricultural Households in the Plateau Central Area of Burkina Faso," *Agricultural Systems*, *Public Policies for Rural Poverty Alleviation* 110, 5 （2012）.

Temilade Sesan, "Corporate–led Sustainable Development and Energy Poverty Alleviation at the Bottom of the Pyramid: The Case of the Clean Cook in Nigeria," *World Development* 45 （2013）.

William D. Sunderlin, "Poverty Alleviation Through Community Forestry in Cambodia, Laos, and Vietnam: An Assessment of the Potential ," *Forest Policy and Economics* 8 (2006).

后　记

　　产业扶贫作为精准扶贫最重要的方式之一，对提高贫困人口可持续发展能力有着十分重要的意义。本调研项目重点在于探讨精准扶贫背景下，产业精准扶贫的脱贫效果及创新机制。调研组选取城固县青龙寺村这一位于秦巴山集中连片特困地区的典型贫困村，研究该区域精准扶贫、产业扶贫政策及实施效果，并通过青龙寺村的案例研究探讨村和农户层面的产业精准扶贫问题及创新机制，从而提出针对研究区域产业精准扶贫的对策建议。

　　本课题采用了实地考察、座谈、访谈、问卷调查等方式，从地方政府、行政村、企业、农户（贫困户、非贫困户）等多个层面开展调研工作，通过整理调研资料和农户调查数据，对陕西省城固县青龙寺村的精准扶贫工作，尤其是产业精准扶贫的开展进行了系统分析和深入探讨，并针对当前产业精准扶贫中存在的问题提出了相应的对策建议。

　　青龙寺村已于2017年年底整村脱贫，课题组在该村调研获取的相关数据均为2016年当年数据，反映了精准扶贫实施以后、整村脱贫实现之前的真实情况。感谢城固县扶贫办、城固县原公镇政府、青龙寺村相关领导和工作人员对本课题组调研工作的大力支持。感谢城固县扶贫办赵西平同志、青龙寺村驻村第一书记汪宇飞、黄晓东同志为本课题调研提供的支持和宝贵意见。同时感谢北京林业大学雷硕博士、陕西理工大学乔磊等同学参与本课题的问卷调查工作。

侯一蕾

2018 年 8 月

图书在版编目（CIP）数据

精准扶贫精准脱贫百村调研. 青龙寺村卷：微产业
、小循环 / 侯一蕾著. -- 北京：社会科学文献出版社，
2018.12

ISBN 978-7-5201-3774-4

Ⅰ.①精…　Ⅱ.①侯…　Ⅲ.①农村-扶贫-调查报告
-城固县　Ⅳ.①F323.8

中国版本图书馆CIP数据核字（2018）第246007号

·精准扶贫精准脱贫百村调研丛书·

精准扶贫精准脱贫百村调研·青龙寺村卷
——微产业、小循环

著　　者 / 侯一蕾

出 版 人 / 谢寿光
项目统筹 / 邓泳红　陈　颖
责任编辑 / 郑庆寰　杨鑫磊

出　　版 / 社会科学文献出版社·皮书出版分社（010）59367127
地址：北京市北三环中路甲29号院华龙大厦　邮编：100029
网址：www.ssap.com.cn

发　　行 / 市场营销中心（010）59367081　59367083
印　　装 / 三河市尚艺印装有限公司

规　　格 / 开　本：787mm×1092mm 1/16
印　张：15　字　数：146千字

版　　次 / 2018年12月第1版　2018年12月第1次印刷
书　　号 / ISBN 978-7-5201-3774-4
定　　价 / 59.00元